그분에 대해 말해 주세요

Fabio Ciardi
PARLACI DI LUI
i racconti di Cafarnao

© 2007 Città Nuova Editrice
All rights reserved.

Translated by Kuk Chunshim
Korean translation copyright © 2016 by Benedict Press, Waegwan.
Korean translation rights arranged with Città Nuova della P.A.M.O.M., Roma.

그분에 대해 말해 주세요
카파르나움 이야기

2016년 9월 19일 교회 인가
2016년 10월 13일 초판 1쇄
2017년 2월 16일 초판 2쇄

지은이   파비오 차르디
옮긴이   국춘심
펴낸이   박현동
펴낸곳   성 베네딕도회 왜관수도원 ⓒ 분도출판사

등록   1962년 5월 7일 라15호
주소   39889 경북 칠곡군 왜관읍 관문로 61
전화   02-2266-3605(출판사업부) · 054-970-2400(인쇄사업부)
팩스   02-2271-3605(출판사업부) · 054-971-0179(인쇄사업부)
홈페이지   www.bundobook.co.kr

978-89-419-1619-2   03230
값 10,000원

그분에 대해
말해 주세요

카파르나움 이야기

파비오 차르디 지음 | 국춘심 옮김

분도출판사

그의 얼굴은 화가들이 그린 얼굴이 아니다.

나는 그 얼굴을 보지는 못하지만

그 얼굴을 찾는 일을 멈추지 않으리라.

지상에서 내가 살아갈 그 마지막 날까지.

– 호르헤 루이스 보르헤스

내 손을 잡으시고

"그분에 대해 말해 주세요."

"이미 여러 번 그분에 대해 이야기해 주었잖아요."

"또 해 주세요."

안식일마다 그러하듯이 그날도 저녁 어스름이 내릴 무렵 그들은 그의 집에 모여들었다. 나이 든 하인이 매번 반복하는 새롭고 확신에 찬 똑같은 인사로 "샬롬, 형제님. 샬롬, 자매님" 하면서, 그리고 꼬마들에게는 사람 좋은 미소를 지으며 그들을 맞이했다. 모두가 식탁에 앉으면 그 여자는 야채와 생선이 담긴 큰 냄비를 들고 나타났다. 빵은 이미 식탁에 놓여 있었다. 얼굴의 오래된 주름을 펴 주는 넉넉한 미소로 그녀는 식탁에서 시중을 들었다. 시중을 들면서도 여왕처럼 보였다.

그들은 이미 선조들의 말씀을 읽었고 스승의 말씀을 기억했으며, 주님을 찬미하고 주님께 감사드렸다. 또 그분이 여러 번 그들과 함께하셨듯이 그들은 빵을 쪼갰고, 이제 밤이 깊어지자 식탁을 떠나 불 주위로 모여들었다. 아이들은 이미 잠이 들었고, 그들은 그녀에게 이렇게 간청했다.

"그분에 대해 말해 주세요."

"이미 여러 번 그분에 대해 이야기해 주었잖아요."

"또 해 주세요."

그들이 졸라 대자 그녀는 졌다. 그녀의 침묵은 매번 금방 꺾이고 말았다. 이미 여러 번 했던 이야기지만 그녀는 지치지 않았고, 그들도 그녀의 이야기가 결코 싫증 나지 않았다.

그분이 제 방에 들어오셨을 때는 여느 안식일과 다름없는 안식일이었지요. 자리에 누운 저는 힘이 빠져나가는 것을 느끼고 있었어요. 저는 쇠약해 있었습니다. 타는 듯한 열기가 입술을 태웠고 땀에 흠뻑 젖어 있었지요. 제 딸은 침대를 떠나지 않고 밤낮으로 저를 보살폈습니다. 그 아이가 제게는 어머니였고 제가 아이의 딸이었지요. 하지만 저는 점점 더 딸에게서 멀어지는 것 같았고 간신히 알아봤으며 눈은 죽음의 그림자로 흐려지고 있었습니다. 저를 둘러싼 것들에서 점점 멀어지면서 속으로 말했습니다.

"저는 물처럼 엎질러졌고 제 뼈는 다 어그러졌으며 제 마음은 밀초같이 속에서 녹아내립니다. 저의 목구멍은 옹기 조각처럼 마르고 저의 혀는 입속에 들러붙었습니다. 그러나 주님, 당신께서는 멀리 계시지 마소서. 저의 힘이시여, 어서 오시어 저를 도우소서."

이제는 생명이 저를 떠나려 할 무렵 그분이 제 방으로 들어오셨습니다. 저는 그분을 보지 못했습니다. 여러 시간 동안 저는 눈을 뜨지 못했으니까요. 그분을 듣지도 못했습니다. 더 이상 버틸 힘이 없이 저승을 향해 미끄러지고 있었지요.

어떤 손이 그 마지막 걸음에서 저를 건져 내 붙잡았습니다. 그분은 제 손을 잡았습니다. 그분의 손은 강하고도 섬세했습니다. 그분은 제 손을 단단히 붙잡았습니다. 그렇게 저를 일으켜 세우시고 당신 쪽으로 끌어당기셨습니다.

어떤 악몽도 꾸지 않고 오랫동안 푹 잘 자고 일어났을 때처럼 부드러운 깨어남이었습니다. 저는 침대에 앉아 있었어요. 제 옆에는 딸이, 시몬과 안드레아와 우리의 충실한 하인이, 그리고 그분이 계셨습니다. 저는 그 전에는 그분을 한 번도 본 적이 없었습니다. 다른 사람들도 마치 처음 보는 것 같았습니다. 저는 죽었었는데 이제 살아 있는 것이었지요. 제 주위의 모든 것이 새로웠습니다. 저 자신도 다른 사람이었어요.

그분은 아직도 제 손을 잡고 계셨습니다. 꽉 잡고 계셨어요. 손에서 손으로 생명이 전달되고 있었습니다. 전에는 살아 본 적이 없는 삶을 저는 살고 있었습니다.

제 입술에서는 우리 왕 다윗의 말이 피어올랐습니다. "당신께서 제 오른손을 붙들어 주셨습니다. 당신의 뜻에 따라 저를 이끄시다가 훗날 저를 영광으로 받아들이시리이다"(시편 73,23-24). 다시 시원하고 익숙해진 방의 어스름 속에서 그분을 바라보며 저는 이 말을 되뇌었습니다. 저는 그분을 바라보았지만 그분의 손에서, 제 손안에서 그분을 온전히 느끼고 있었습니다.

"당신의 능하신 팔로 당신 백성을 이집트에서 끌어내셨나이다"(신명 26,8 참조). 나는 그분께 낮은 소리로 말했습니다. 우리 선조들을 해방시켰던 강한 손이 어떤 것인지 이제 저는 알았던 것이지요. 저를 꽉 붙잡고 있는, 그리고 저를 죽음에서 해방시키고 있는 바로 그 손이었습니다. 저는 저승의 어둠 속으로 내려가고 있었는데 그분의 손이 저를 잡아 다시 삶으로 데려왔습니다.

동일한 여정이 그 후에 여러분 모두에게, 우리 모두에게 반복되었지요. 예루살렘에서는 성벽 밖에서, 언덕에서, 그분에게 죽음의 심연이 열리고 그분은 지하로 내려가셔서 능하신 팔로, 그리고 당신 손으로 죽음의 구렁 속에 누워 있던 모든 남자와 모든 여자를 붙드셨습니다. 부활하신 주님과 함께 우리 모두는 부활한 것이지요.

하지만 저는 그때는 아직 이 모든 것을 몰랐습니다. 그때는 제 핏줄 속에서 새로운 피가 뛰는 것을, 제 콧구멍 속으로 들어오는 생명의 숨결을 느낄 뿐이었지요. 저는 살아 있음을, 살아 있음을, 살아 있음을 느꼈어요.

저는 서 있었고 그분은 아직 제 손을 잡고 계셨습니다.

그분이 제 손을 놓으셨을 때 저는 이미 살아나 있었습니다. 완전히 팔팔하게 살아나 있었어요.

저는 제 아버지 집에서 지낸 소녀 시절과 같은 힘을, 남편의 집을 다스리던 젊은 아내였을 적의 힘을 지니고 있었습니다. 그래서 저는 즉시 그분과 집 안의 사람들을 위해 식사를 준비하기 시작했습니다. 저와 함께 잠들었다가 저와 함께 되살아난 집에서요.

요안나는 생각에 잠겨 입을 다물었다. 붙잡은 손바닥을 앞으로 쳐든 채 마치 아직 스승의 손을 만지고 있기라도 한 것처럼.

"그분에 대해 더 이야기해 주세요." 오랫동안 요안나의 침묵에 홀려 있던 그들이 다시 말했다.

"이미 여러 번 이야기했잖아요."

"또 이야기해 주세요."

저에게 그분에 대해 말해 준 사람은 시몬이었어요. 시몬은 흥분하여 한바탕 돌풍처럼 들이닥쳤어요. 큰 소리로 외치다가 속삭이는가 하면, 또 속삭이다가 큰 소리로 외치곤 했지요. "있어요, 있어. 이미 와 있다고요. 우리가 기다리던 분이 오셨어. 메시아를 만났어. 내가 그분을 직접 만났다고." 제 딸을 끌어안더니 그 묵직한 손으로 제 어깨를 눌렀습니다.

"그 사람이 주님의 기름 부음을 받은 분인가?" 저는 그가 좀 차분해진 다음에 머뭇거리며 물었습니다.

"그래요, 그분이에요. 바로 그분이라고요."

"요한, 주님의 기름 부음을 받은 분."

"아니에요. 요한이 아니에요."

저는 놀랐습니다. 여러 날 동안 우리는 시몬이 돌아오기를 애타게 기다렸지요. 카파르나움과 주변 고을들의 다른 사람들과 함께 그는 요한의 커 가는 명성에 끌려 그가 세례를 주던 곳까지 요르단을 따라 내려왔습니다. 그가 메시아라고들 했거든요.

"아니에요. 그는 메시아가 아니에요." 시몬이 반복해서 말했어요. 예루살렘에서 파견된 율법학자들에게 요한은 여러 번 말했지요. "나는 메시아가 아니오. 나는 예언자가 아니오. 나는 엘리야가 아니오." 우리도 역시 그 첫마디에 실망했지요. 하지만 무언가 새로운 것이 임박했다는 걸 느꼈기 때문에, 그 새로운 것이 공기 중에 느껴졌기 때문에 그대로 남아 있었어요.

정말이지 새로운 어떤 것이 일어났습니다. 어느 날 세례자는 많은 사람 사이에 있는 어떤 젊은이를, 많은 사람 중 하나를 가리켰습니다. 그 역시 세례를 받으러 온 것이었습니다. "여기 기다리던 분이 있다." 그는 말했지요. "그가 우리를 죄에서 해방시키리라." 시몬의 동생 안드레아가 그 순간 거기 있었고 그 말을 들었지요. 감동으로 심장이 터질 듯한 상태로 그는 형에게 달려갔고, 그들은 함께 기다리던 분을 만나러 갔습니다. 그는 우리와 같은 갈릴래아 사람으로 나자렛에서 온 예수였습니다.

"나자렛에서 온 메시아라고?" 저는 웃으면서 시몬에게 말했지요. 나자렛에서 무슨 좋은 것이 나온단 말이냐고요.

"우리도 꼭 그렇게 말했어요. 장모님도 그분을 보았어야 했어요."

시몬은 더 이상 무슨 말을 할지 몰랐습니다. 눈은 빛났지만 입은 벌어진 채 말이 없었지요.

"장모님도 그분을 보았어야 했어요" 하고 반복할 뿐이었습니다. 꿈속에서처럼요.

그러고는 마침내 덧붙였습니다.

"저더러 바위라고 말씀하셨어요."

저는 진즉에 그것을 알고 있었어요. 바다가 제 남편을 삼켜 버렸을 때 저와 제 어린 딸은 어찌할 바를 몰랐습니다. 하지만 주님은 고아와 과부를 불쌍히 여기셨고 그분의 자비는 시몬이라는 이름을 갖고 있었습니다. 제 딸을 신부로 맞이할 때 저도 자기 집에 맞아들였으며, 그렇게 그는 곧 우리의 바위가 되었던 거지요. 오늘 밤에도 우리가 모여 있는 이 집, 베드로의 집의 바위.

그러고 나서 나자렛의 예언자에 대해선 여러 날이 가도록 더 이상 알 수 없었습니다. 시몬이 얼마나 초조해하던지! 가끔 식탁에서 그는 되풀이해서 말했지요. "장모님도 그분을 보았어야 했어요." 그의 시선은 허공을 헤매며, 식사를 멈추곤 했지요. 그는 그리 길지 않은 시간 동안 그분과 있었을 뿐인데 그분에게 넘어가 버린 것입니다.

마침내 그가 우리 마을을 지나간다는 소문이 들렸습니다. 아주 중요한 일을 알릴 터인데 그분의 말을 받아들이려면 열린 마음을 가져야 한다는 말과 함께였지요.

그리고 그 안식일에 바로 여기 우리 집에 그분이 오셨던 거예요. 그 안식일이 카파르나움에는 어떤 안식일이었는지! 오전에는 회당에서 우리 마을 사람들과 만나시고, 마귀를 쫓아내셨으며, 저를 낫게 하시고, 낮에는 … 오, 그분에게서 지혜의 말씀을 듣기 위해 식탁 주위로 모인 그 낮 시간은 얼마나 고요하고도 붐볐던지요! 지금 여러분이 제 말을 듣고 있듯이 저는 그분의 말을 들었습니다. 그분은 그 어느 누구와도 같지 않은 방식으로 말씀하셨어요. 그분의 말씀은 저를 감쌌고 저를 꿰뚫었으며 그분의 손이 지닌 따뜻함과 힘을 지니고 있었습니다. 그리고 저녁에는 집이 사람들로 가득 찼지요. 모두가 그분을 만지고자 했고 그분에게 말하고자 했으며 그분의 목소리를 듣고자 했어요. 저에게 일어났던 기적이 수없이 일어났지요. 그렇게 해서 시간이 늦어졌습니다. 오늘 밤처럼요. 침묵이 돌아오고 빛에 취한 사람들 위로 잠이 내렸습니다. 저만 깨어 지키고 있었지요. 제 안에서 생동하는 새로운 생명을 지닌 채 제가 어떻게 잠들 수 있었겠습니까?

그분이 일어나 문으로 다가가시는 소리를 제가 들었을 때는 아직 어두웠습니다.

"스승님." 그분에게 저는 말했지요. "스승님을 위해서 제가 해 드릴 수 있는 일이 있을까요?"

"나는 나의 아버지께 갑니다." 그분은 나지막한 소리로 말씀하셨지요.

그리고 바닷가 둑에서 그분은 기도의 하늘 속으로 빠져드셨습니다.

날이 밝자 그분은 다시 떠나셨는데 시몬과 안드레아를 데리고 가셨습니다. 하지만 이제 이 집은 그분의 집이 되었기에 여기로 돌아오시고 여기에서 또 떠나시곤 했지요. 마지막 여행을 떠나시기까지는, 그리고 그분과 함께 시몬과 제 딸이 떠나기까지는요.

하지만 이 집은 여전히 계속해서 그분의 집이지요. 그분은 여기 계시고 영원히 우리와 함께 사시니까요. 이 집은 베드로의 집이랍니다. 이 집은 예수님의 집이랍니다.

그 아이의 손을 잡으셨다

"그분에 대해 말해 주세요, 라삐."

"왜 나를 라삐라 부릅니까? '여러분은 라삐라고 불리지 마십시오. 여러분의 스승은 하나뿐이기 때문입니다' 하고 그분이 말씀하셨는데요."

"그분에 대해 말해 주세요, 라삐."

"우리는 모두 제자입니다. 우리의 라삐는 오직 한 분뿐입니다."

"그분에 대해 말해 주세요. 그분에 대해서 더 말해 달라고요."

호수의 둑 위에서, 둥그렇게 노인을 둘러싸고 돌 위에 앉아 진지한 눈빛으로 그들은 그를 바라보았다. 그들은 얼마 안 가서 그가 자기들의 고집에 항복하리라는 것을 알고 있었다. 한때 지혜로운 율법학자였던 사람, 언제나 지혜로운 율법학자였던 사람답게 그는 오늘도 열과 성을 다해 간직해 오던 보화들을 금고에서 꺼낼 것이었다.

그 가을날 오후, 태양은 뜨거웠다. 안식일의 한가로움이 언덕들의 능선을 한결 부드럽게 해 주고 거울같이 잔잔한 수면에도 휴식을 부여하는 듯했다.

그들은 도성의 모든 이처럼 아직 안식일을 지키고 있었지만, 회당에는 더 이상 나가지 않았다. 하지만, 라삐 야이로가 처음 스승을 만난 곳은 바로 회당이었다.

어떤 안식일이었던가, 그 안식일은! 우리는 그분에 대한 말들을 듣고 있었지요. 우리 중 어떤 이들은 그분을, 요한이 세례를 주던 요르단 강 건너편 베타니아에서 만났어요. 또 우리는 그분이 가까운 마을들을 방문하신다는 것을 알고 있었습니다. 그분은 말씀하셨지요. "여러분에게 커다란 기쁨이 되는 소식을 전합니다. 하지만 그것을 받아들이기 위해서 여러분은 삶의 자세를 바꿀 준비를 갖추어야 합니다. 새로운 마음이 필요합니다."

그분은 시몬과 안드레아, 요한과 야고보와 함께 우리 마을에 오셨지요. 나는 회당의 다른 위원들과 함께 마을 길로 그분을 마중 나갔고 그분을 회당 안으로 모셨어요. 평소보다 더 많은 사람이 몰렸지요. 그분이 오신다는 소식이 벌써 퍼진 거예요. 토라를 읽는 영광이 나에게 주어졌습니다. 두루마리를 받아들고 펼쳐서 나는 모세의 말을 선포했지요. "주님께서 말씀하셨다. 나는 이집트에 있는 내 백성이 겪는 고난을 똑똑히 보았고, 작업 감독들 때문에 울부짖는 그들의 소리를 들었다. 정녕 나는 그들의 고통을 알고 있다. 그래서 내가 그들을 이집트인들의 손에서 구하여, 그 땅에서 저 좋고 넓은 땅, 젖과 꿀이 흐르는 땅, 곧 가나안족과 히타이트족과 아모리족과 프리즈족과 히위족과 여부스족이 사는 곳으로 데리고 올라가려고 내려왔다. 이제 이스라엘 자손들이 울부짖는 소리가 나에게 다다랐다. 나는 이집트인들이 그들을 억누르는 모습도 보았다. 내가 이제 너를 파라오에게 보낼 터이니, 내 백성 이스라엘 자손들을 이집트에서 이끌어 내어라!"(탈출 3,7-10).

내가 읽기를 마쳤을 때, 모든 사람의 기대에 찬 눈길이 그분에게 향했습니다. "스승님, 한 말씀 해 주십시오" 하고 내가 그분에게 청했지요. 그분이 자리에서 일어나셔서 어깨 부분에 손을 얹어 긴 술이 달린 망토의 매무새를 바로잡으시고 우리 가운데로 와서 앉으시는 모습이 지금도 눈에 선해요. 위엄 있고 친숙한 그분의 모습. 그분은 말없이 천천히 주위를 둘러보시더군요. 그 부드럽고 꿰뚫어 보는 듯한 눈빛으로 마치 한 사람 한 사람을 끌어안는 것 같았어요. 내 위에도 그 눈길이 머물렀지요. 찰나의 순간이었어요. 하지만 나에게는 끝이 없어 보였답니다. "당신 께서는 나를 꿰뚫어 보시나이다. 당신께는 저의 모든 길이 익숙합니다. 당신은 저를 앞서가시고, 제 뒤를 따르시며, 저를 껴안으시고, 제 위에 당신 손을 얹으시나이다." 우리 성조 다윗의 이런저런 말들이 마음에서 피어나면서 그 말들이 이루어지는 것을 느꼈습니다.

그분의 존재로, 그분의 침묵으로, 그분의 눈길로 (우리 는 우리 위에 그분의 손길을 느꼈더랬지요) 모두 정복당 했을 때, 그분은 가르치기 시작하셨습니다.

벌집에서 흘러나오는 꿀처럼, 청정한 샘에서 솟아나는 시원한 물처럼 그분의 입에서 말씀이 흘러나왔어요. 아무도 우리 회당에서 그분처럼 말한 사람이 없었지요. 그분은 우리 율법학자들이 말하는 것처럼 말씀하시지 않았어요. 가장 박식한 사람들, 가장 지혜로운 사람들과도 달랐고, 가끔 예루살렘에서 오는 사람들과도 같지 않았어요. 우리는 성경 말씀을 해석했는데, 그분은 그 말씀을 창조하셨어요. 우리는 성경 말씀을 받들어 모셨는데, 바로 그 성경말씀이 지금 그분을 받들어 모시고 있었던 거예요. 그분은 그렇게 권위 있게 말씀하셨지요.

말씀을 마치셨을 때 우리는 말을 잃은 채 놀라서 서로 바라보기 시작했어요. 우리는 그 전에는 그분에 대해서 사람들이 하는 말들은 들었지만 그분 자신의 말씀을 듣지는 않았지요. 그런데 우리가 방금 들은 것은 그분의 명성을, 모든 기대를 까마득히 넘어서는 것이었어요. 그곳에 모인 사람들 안으로 평화와 기쁨의 느낌이 내려왔습니다. 충만함, 차고 넘치는 만족감.

날카로운 외침 소리가 침묵을 찢고 모두가 소름 돋는 전율을 느낀 것은 바로 그때였어요.

마귀 들린 자, 사탄이 깨어났던 것이지요. 여러 해 동안 방해받지 않고 우리 사이에 웅크리고 있던 사탄 말입니다. 우리는 그 사람이 외치는 소리를 들었습니다. "왜 끼어드는 거요, 나자렛 예수? 당신은 우리를 파멸시키려고 왔지. 나는 당신이 누군지 알아, 하느님의 거룩하신 분!"

전에는 그가 한 번도 말을 한 적이 없었어요. 늘 조심스럽게 뒤로 물러나 있었다고요. 우리는 사실 그가 더러운 영이 들린 줄도 몰랐었으니까요.

"하느님의 거룩하신 분!" 바로 그 더러운 영이 예수님을 하느님의 거룩하신 분으로 선포했던 거예요! 그리고 하느님의 거룩하신 분은 그를 침묵시켜 내쫓았지요. 우리네 구마사들이 흔히 하듯이 길고 긴 푸닥거리를 통해서가 아니었어요. 그렇다고 끝날 줄 모르는 기도와 주문呪文을 외우신 것도 아니었고요. 오로지 당신 말씀의 권능을 통해서였어요. "조용히 하고 그에게서 나가라" 하고 말씀하시는 것으로 충분했어요. 그분 말씀의 권능! 우리는 전에는 그분이 말씀하시는 것을 들었는데, 이제 그분이 일하시는 것을 보았어요. '힘 있는 분'이 오신 것이지요.

그때부터 그분의 멈출 줄 모르는 해방의 여정이 시작되었습니다. 타보르 산의 기슭에서는 한 소년을 '벙어리, 귀머거리 영'에서 풀어 주셨어요. 티로와 시돈의 이방인 지역에서는 더러운 영에게 묶여 있던 한 소녀를 풀어 주셨으며, 게라사인들의 지방에서는 더러운 영의 군대 전부를 쫓아내셨어요. 그 더러운 영들의 제국은 저물어 갔고, 그들은 그분의 존재에 위협을 느꼈지요. "왜 끼어드는 겁니까?" 벌벌 떨며 겁에 질려 그들은 외쳤어요. "왜 우리를 괴롭히는 겁니까? 당신은 우리를 멸망시키려고 왔군요."

나는 그때 자기 백성을 이집트의 노예살이에서 해방하러 보내진 모세에 대해 읽은 직후였지요. 그런데 모세를 훨씬 능가하는 누군가가 우리 가운데 보내졌고, 그분이 그보다 훨씬 무거운 노예 상태에서 우리를 해방하고 계셨던 것입니다. 그리고 그렇게 우리를 해방하는 일이 바로 우리 회당에서 시작되었던 것이지요. 우리는 과연 악마의 폭정 아래서 어둠과 죽음의 그늘 속에 엎드려 있었습니다. 그런데 보십시오! 그분이 위대한 힘과 권능을 지니고 우리를 원수들의 손에서 빼내기 위해, 우리에게 자유를 되돌려 주시기 위해 오셨던 것입니다.

라삐 야이로는 침묵했다. 탈혼 상태의 얼굴, 먼 곳에 고정된 시선은 마치 아직도 예수님을 보고 있는 것 같았다. 그분의 말씀에 홀린 채로.

"그분에 대해 말해 주세요, 라삐." 그들은 다시 졸랐다. "그분에 대해서 더 말씀해 달라고요."

"저기 카파르나움 뒤편으로 해가 저물고 호수는 잿빛으로 물들어 가고 있는데 …."

"우리에게 빵과 올리브가 있어요. 여기에서 저녁 식사를 할 수 있다고요. 그러니 라삐, 계속 그분에 대해 이야기해 주세요."

"여러분은 이미 알고 있잖아요."

"그래도 더 말해 주세요. 그분에 대한 이야기를 듣는 것은 결코 싫증 나지 않을 거예요."

일 년이 지났지요. 아니, 어쩌면 그보다 더 되었는지도 모르겠군요. 이 호수를 건너서 그 주변을 왕래하셨어요. 그분, 스승님 말이에요. 티베리아스, 게라사인들의 지방, 달마누타, 벳사이다, 막달라 …. 시몬과 안드레아가 그분을 자기네 배에 모셔 호수를 건너시게 해 드리곤 했지요. 바로 이 호수의 둑 위로 군중이 발 디딜 틈 없이 몰려들었습니다. 그분은 그들을 배불리 먹이시고 병을 치유해 주셨어요. 그리고 무엇보다도 그들을 가르치셨어요. 정신을 배불리 채워 주시고 마음들을 치유해 주신 거지요.

난 그분을 여기, 지금 우리가 있는 바로 이 둑 위에서 만났어요. 그분은 내가 지금 여러분에게 둘러싸여 있듯이 사람들에게 둘러싸여 있었지요. 그 사람들은 우리의 이 작은 카파르나움 신자 공동체처럼 조그만 집단이 아니었

어요. 당시 그들은 수가 많았어요. 근방의 마을들과 먼 도
시에서도 모여들었으니까.

나는 달려서 이곳에 도착했어요. 그분의 제자들이 그
분을 태워서 여기로 모셔 온 것을 알았거든요. 난 군중은
안중에도 없었고, 이렇게 하는 것이 적절한지 적절치 않
은지도 생각지 않았지요. "와 주십시오, 스승님. 지금 곧
와 주세요" 하고 나는 그분께 외쳤습니다. 그분은 군중에
게 말씀하고 계셨는데, 말씀을 멈추시고 돌아보셨어요.
왜 그러느냐는 표정으로요. "제 딸아이가 죽어 갑니다."

여러분은 모두 그 아이를 알고 있지요. 지금 그 어느 때
보다 아름다운 아이. 남편과 아이들과 함께 벳사이다에
살면서 아직도 축제일에는 우리를 찾아오는 아이 말이오.
그 아이가 올 때마다 우린 그때를, 열이 그 아이를 삼켜 버
린 그때를 기억한답니다. 그때 난 속수무책으로 그 아이
가 내 손에서 빠져나가는 것을 보고만 있었어요. 내 딸, 주
님이 우리에게 주신 외동딸. 그 아이가 죽는다면 내 목숨
도 그 아이의 목숨과 함께 사라져 버릴 것 같았지요. 그때
난 스승님을 생각하지도 않았고, 다른 어느 누구도 생각
하지 않았고, 오로지 내 딸아이만 생각했어요. 방문턱에

서 시몬과 안드레아 두 사람이 수군거리는 것을 알아차린 것은 바로 그 순간이었답니다. 나는 딱 한 마디만 알아들었어요. '스승님.'

"스승님?" 나는 퍼뜩 정신이 나서 말했어요.

"그래요, 스승님이 돌아오셨다고요." 나는 미친 듯이 밖으로 달려 나갔습니다.

그분 스승님은 나를 위해 모든 사람을 남겨 두고 그곳을 떠나셨어요. 하지만 그들은 떠나지 않고 그분을 따라 나섰지요. 계속 그분 주위로 몰려들면서 말이에요. 나에 겐 그 모든 인파가 거추장스러웠습니다. 스승님을 빨리 집으로 모시고 싶었는데 빨리 걸을 수 없었거든요. 한 번 멈출 때마다, 한 번 지체될 때마다 치명적일 수 있었는데 말입니다. 안나도 우리에게 나타나서는 우리의 길을 막고 아까운 시간을 낭비하게 했어요.

"안나, 그분에 대해 말해 주세요."

그들은 숄로 몸을 감싼 노파를 향해 말했다.

"라삐 야이로가 계속 말하시도록 하세요. 전 말할 줄 몰라요."

"그분에 대해 이야기해 주세요, 안나."

"그때도 난 말을 할 줄 몰랐어요. 그때도 지금처럼 부끄러워했어요. 전 항상 수줍어했으니까요. 그러니 내 얼굴이 빨개지게 하지 말아 주세요."

"당신의 말을 들을래요, 안나."

"라삐 야이로의 말씀을 제가 중단시켜야 할까요? 그때 집으로 가시는 라삐의 발걸음을 제가 중단시킨 것처럼 말이에요."

이번에도 여인은 기억에 자신을 내맡겼고, 그때마다 차오르는 감동으로 벌써 눈물이 고인 눈으로 이야기를 시작했다. 짤막한 말들로.

그날, 얼마나 부끄럽고 얼마나 두려웠는지요. 그리고 얼마나 엄청난 행복이었는지요. 서로 엇갈리는 감정들의 폭풍이었답니다. 나는 한순간에 병이 나은 것을 느꼈지요. 그 전의 어느 때보다 몸과 마음의 상태가 좋았던 거예요. 충만하고 진한 기쁨의 순간. 가득 채워진 듯한 만족감. 하지만 그것은 찰나였습니다. 뒤이어 곧 두려움과 부끄러움이 밀려들었어요. "누가 나에게 손을 댔다" 하고 스승님이 말씀하시는 것을 들었던 거예요. 나는 들키지 않도록 조심했고 아무도 나를 주목하지 않기를 바랐거든요. 수많은 사람이 있었는데, 누가 나에게, 수많은 여자 중 하나일 뿐인 나에게 주의를 기울였겠는가 말입니다. 나로선 그분의 옷자락을 만지는 것으로 충분했거든요. 그분 자신도 알아차리지 못하셨을 거예요.

오래전부터 저는 그분을 만나고 싶었지요. 하지만 부끄러웠어요. 율법에 따르면 나는 계속된 출혈로 인해 부정해진 여자였으니까요. 어떻게 내가 감히 그분을 만날 수 있었겠어요? 또 그분을 만진다는 것은 생각조차 할 수 없는 일이었지요. 그분을 더럽혀 부정하게 했을 테니까요.

여러 해 동안 피와 함께 기력이 나에게서 빠져나가고 있었어요. 고통스럽고 효험도 없는 기나긴 치료로 인해 집안의 재산도 사라져 가고 있었고요. 하혈은 멈추지 않았고 내 혈관은 지속적으로 점차 비워져 가고 있었어요.

'그분을 만질 수만 있다면' 하고 나는 속으로 말했지요. '그분은 나병환자들을 낫게 하셨는데, 나병환자처럼 부정한 나도 낫게 해 주실 수 없을까?'

나는 기도했어요, 우리 성조 다윗이 가르쳐 주신 대로요. "나의 하느님, 당신께 저를 내어 맡기나이다. 당신의 사랑으로 저를 기억하소서. 당신 안에 생명의 샘이 있나이다." 과연 그분은 나를 기억하셨고 나에게 생명의 샘을 열어 주셨지요.

제자들은 스승님의 물음이 짜증스러운 듯했어요. "어떻게 누가 스승님을 만졌단 말입니까? 보시다시피 지금 모든 사람이 스승님을 …, 스승님을 보호하기 위해서 저희도 최선을 다하고 있지만 이 엄청난 열광에는 어떻게 해 볼 수가 없습니다." 나는 그분이 나를 찾고 계신다는 것을 알고 있었습니다. 내가 그분을 만짐으로써 생명의 샘이 열렸던 것이고, 자신에게서 나와 나를 감싼 그 치유의 힘을 그분은 느끼셨던 것이지요. '도대체 내가 무슨 짓을 했단 말인가?' 난 속으로 말했어요. '내가 감히 어떻게 ….' 나는 더 이상 숨을 수가 없었습니다. 그분이 알고 계신다는 것을 알았으니까요. 그분의 발 앞에 엎드리는 수밖에 다른 도리가 없었어요. 스승님보다는 그분의 제자들을 더 두려워하면서 말이에요.

"딸아, 네 믿음이 너를 구원하였다. 평안히 가거라. 그리고 병에서 벗어나 건강해져라."

기쁨이 내 얼굴에서 솟구쳐 올랐습니다. 나는 나았습니다. 그래요, 나는 나았어요. 난 그것을 느꼈어요. 그 말씀으로 스승님은 나에게 가장 깊은 차원의 치유를 행하셨지요. 나를 영원히 구원해 주셨어요. "딸아!" 나를 딸이라고 부르셨어요. 나에게 참된 생명을 주셨어요. 건강은 벌써 스무 해 전에 주셨고, 앞으로도 그분이 원하시는 만큼 지속되겠지요. 하지만 구원은 영원하도록 나에게 주셨어요. 그분은 영원히 나의 아버지이십니다. 그분은 나에게 진짜 생명을 주셨어요. 육신의 건강, 그것을 길을 가시다가 만난 많은 다른 사람에게 주셨듯이 나에게 주셨고, 이는 단지 다른 건강의 표시일 뿐이었지요. 딸아! 나를 딸이라고 부르셨어요. 나는 그분의 딸이에요.

그녀는 입을 다물었다. 대신 하염없는 눈물이 조용히 흘러내리고 있었다.

감동에 찬 똑같은 침묵이 그 자리에 있는 모든 이를 감싸는 동안, 하늘에서는 초저녁 별들이 깜빡이고 있었다.

야이로가 다시 말을 이을 때까지.

그때는 지금 같은 평화가 없었어요. 그와 반대였지요. 나는 안절부절 어쩔 줄 모르고 있었고, 신경이 날카로울

대로 날카로워져 있었으며, 인내심을 잃은 상태였어요. 왜 그렇게 스승님은 지체되고 있는 건지 …. 내 딸아이가 죽어 가고 있는데. 누군가 내 팔을 잡았습니다. 나는 돌아보았어요. "벌써 죽었어요." 친척 하나가 말하더군요. 몽둥이로 얻어맞은 듯 나는 정신을 잃었습니다. 눈앞이 흐려지고 낙담으로 온몸이 무너져 내렸어요. "침착하여라." 내 곁에 계시던 스승님이 말씀하시더군요. "두려워하지 마라. 이 여인처럼 믿음을 가져라."

안나가 열었던 그 샘이 내 딸에게도 생명의 물을 주었을까? 하지만 안나는 그저 병들었을 뿐이었지요, 조금 전의 내 딸처럼. 그런데 이제 그 아이는 이미 죽고 말았던 겁니다. 나는 여러 생각이 그 본성적인 골을 따라 흐르는 것을 피했습니다. 단 한 가지 생각만이 지배해야 했어요. 단 한 가지 고정된 생각. "믿음을 가져라, 믿음을 가져라." 무엇에 대해? 누구에 대해? "믿음을 가져라, 믿음을 가져라." 나는 계속해서 이 말을 되뇌었고, 군중을 아랑곳하지 않은 채 결연하게 다시 걸음을 옮기기 시작하신 예수님의 뒤를 따라 걸음을 서둘렀습니다. 당신을 따라오지 말라는 신호를 하셨고, 단호한 행동과 결연한 목소리로 말씀하셨지요. "베드로와 야고보, 요한 너희는 나와 함께 간다." 그분도 역시 단 한 가지 생각에 몰두해 계셨어요.

아직 집은 보이지 않는데 곡소리가 들려오고 있었지요. "장송가를 그만두어라. 소란 떨지 마라." 담장 안으로 들어서자마자 스승님이 말씀하셨어요. "여기, 죽은 자는 없다. 오직 잠자는 아이 하나가 있을 뿐." 친척들과 고모, 숙모들이 그분께 독사처럼 들고 일어났지요. '어떻게 이렇게 그들의 고통을 조롱할 수 있단 말인가?' "모두 나가거라." 스승님은 예의 그 침착하고 결연한 어조로 명하셨지요. 아무도 감히 대꾸하지 못했고 온 집 안이 홀연 텅 비었어요.

그분은 다시 침묵하셨습니다. 죽음 같은 침묵. 아내의 흐느낌으로만 깨지는 침묵.

이미 염습을 하고 하얀 옷을 입혀 침대 위에 눕힌 딸아이 앞에 그렇게 우리만 남게 되었지요. 모두 여섯 사람이었습니다. 나는 죽음의 창백함에 감싸인 아이를 바라보았어요. 나에겐 그 어느 때보다 예뻐 보였어요. 열매를 맺지 못할 열두 살짜리 새하얀 꽃송이. 나는 울지 않고 생각하지 않았습니다. 계속해서 단 한 가지 생각에만 몰두해 있었어요. "믿음을 가져라, 믿음을 가져라."

그리고 일어났던 일이 일어났습니다. 예언자 엘리야가 과부의 아들에게 한 것처럼 죽은 몸 위에 엎드리지도 않았고 하늘의 하느님을 부르지도 않았지요. 그저 아이의 손을 잡으셨을 뿐입니다. 요안나, 당신의 손을 잡으셨던 것처럼, 더러운 영이 땅에 쓰러뜨려 죽은 것 같던 소년의 손을 잡으셨던 것처럼, 수종을 앓는 이의 손을 잡으셨던 것처럼, 그렇게 그 아이의 손을 잡으시더라고요. 하지만 그 사람들은 병자들이었지요. 내 어린 것은 죽었어요.

안나는 스승님을 만졌는데, 이제 스승님이 아이를 만지시는 것이었어요. 똑같이 접촉이 있었고, 똑같이 생명의 샘이 열렸지만, 이번이 앞서의 경우보다 더 효과적이었지요. "탈리타 쿰!" 그러자 아이가 일어나 그분을 껴안았어요.

그때까지도 나는 계속해서 되뇌고 있었지요. "믿음을 가져라, 믿음을 가져라." 그런데 지금 나는 내 눈을 믿지 못했어요. 아이가 살아 있는 겁니다. 부활한 거예요. 질병만이 아니고, 사탄만이 아니라, 그분이 이번에는 죽음까지 이기신 것입니다. 아이가 정말로 살아 있는 거예요. 나

는 그 사실을 믿지 못하고 아연하여 석상처럼 그 자리에
못 박혔습니다. 아이의 엄마는 아이를 안으려고 팔을 벌
린 채, 그러나 그림자를 안게 될까 봐 두렵기라도 한 듯 나
처럼 못 박힌 채 나보다 더 믿지 못했지요.

"다들 움직이시오." 마치 우리를 마법에서 일깨우기라
도 하듯 예수님이 말씀하셨어요. "아이가 배고파하는 것
을 보지 못합니까? 며칠째 먹지를 못했는데." 그러고는 손
수 찬장에서 빵을 집어 축복하신 다음, 쪼개어 우리 모두
에게 주셨습니다. 이제 여섯 명이 아니라 일곱이 된 우리
모두에게. 빵은 맛이 좋았고, 그분은 맛 좋은 빵처럼 좋으
신 분이었답니다.

내가 그분을 맨 처음 만났다

"그분에 대해 말해 주세요."

"전 여러분과 한 집안 사람처럼 지내기에 항상 여러분에게 모두 이야기했는데요."

"이번에는 달라요. 멀리서 오셨잖아요. 스키티아, 폰토스 엘레우시스, 카파도키아, 비티니아에서요."

"전 제가 만난 모든 사람에게 그분에 대해 많이 말했어요."

"우리에게도 말해 주세요."

"전 요한에게 우리가 그분을 만난 이야기와 그분이 우리에게 말씀하시고 행하신 모든 것을 기록하라고 말했어요."

"하지만 지금은 당신이 여기 있으니까 당신이 우리에게 이야기해 주시면 좋겠어요."

그는 예루살렘으로 가는 길이었다. 성령께서 이끄시는 곳을 향해 다시 떠나기 전에 그곳에서 다시 형제들을 만날 것이었다.

바다로 난 길을 따라 카파르나움에서 출발하여 지나오면서 그는 한때 자기 집이었던 집, 자기 형 시몬의 집에 머물렀다. 안드레아가 돌아왔다는 소문은 즉시 퍼졌고 공동체는 그의 이야기를 듣기 위해 모였다.

저는 그분을 만난 첫 번째 사람이었지요. 그분께 부름받은 첫 번째 사람, 그분을 따른 첫 번째 사람이었어요. 오래전부터 저는 예언자 요한과 함께 살고 있었습니다. 우리는 호흡이 잘 맞는 제자들의 단체였지요. 그의 말을 듣고 세례를 받고자 이스라엘과 유다 각지에서 사람들이 다녀갔습니다. 하지만 우리는 지극히 충실하게 항상 그에게 머물러 있었습니다. 이미 가까이 온 메시아에 대해 말할 때면 요한의 눈은 타오르는 불처럼 빛나곤 했지요. 그는 메시아의 왕림을 확신하고 있었어요. 주님의 기름 부음을 받은 자는 타작마당에서 곡식을 키질하여 골라내듯이 끝내 하느님 백성을 골라낼 것이었습니다. 검불을 불살라 불의와 죄에서 정화할 것이었습니다. 하느님의 진노를 터져 나오게 할 것이었지요.

요한이 바리사이파 사람들과 사두가이파 사람들을 향

해 엄격한 얼굴을 하고 강한 목소리로 "독사의 자식들아"
하고 외칠 때면 나는 메시아의 얼굴은 얼마나 더 엄격하
고 그 목소리는 얼마나 더 강할까 하고 되뇌곤 했습니다.

요한이 사람들 사이를 지나가는 젊은이 하나를 가리키
던 날 저는 그 목소리의 높이가 변한 것에 놀랐습니다. 스
승은 거의 속삭이듯이 낮은 소리로 우리에게 말씀하셨어
요. 하지만 그의 말에는 주저함이 없었습니다. 항상 그러
하듯이 확신과 단호함이 감동의 베일로 부드럽게 감싸여,
"그분이시다" 하고 속삭였습니다.

다음 날 우리는 또다시 그 젊은이를 발견했습니다. 어
떻게 된 건지는 몰라도 제 눈에는, 햇볕에 타고 속죄 행위
로 주름살이 생긴 우리 스승보다 그가 훨씬 더 젊어 보였
습니다. 하지만 그들은 동갑내기였지요. 요한은 또다시
그를 가리켰습니다. "희생 제사의 어린양처럼 그는 세상
의 죄를 짊어질 것이다. 자신이 타 없어질 때 그 죄를 태워
없앨 것이고 정의와 순결함, 자유와 평화를 가져올 것이
다. 바로 그분이다."

'그분이시라고?' 나는 살짝 실망했지요. 저는 도끼를
손에 들고 열매를 맺지 못하는 나무들을 뿌리째 쓰러뜨려

불 속에 던질 수 있는 심판자를 기다려 왔습니다. 그런데 여기 보통 사람 하나가, 여느 사람들과 똑같은 사람 하나가 나타난 것입니다.

이제 그를 잘 보니 알아볼 것 같았습니다. '오래전부터 이 주변에서 보았던 그 사람, 홀로 머물며 기도하던 그 사람이 아니던가?' 흡사 뭔가를 추구하는 사람처럼 드러나지 않게 외따로 머물던 사람.

나는 눈에 하나의 의문을 담고 예언자를 향해 돌아섰습니다. 그 사람이 … 그분이라는 것은 있을 수 없는 일 같았던 것입니다!

"그분이시다." 그는 다시 이렇게 말했고 손으로 또 한 번 나에게 그를 가리켰습니다. 거의 그를 따라가라는 하나의 초대였어요. 나의 스승은 자신에게서 나를 떼어 내면서 다른 스승에게 맡기고 있었던 것이지요. "나는 점점 작아져서 마침내는 사라지고, 그분은 점점 커지셔야 하고 가득 차야 한다" 하고 그는 말했습니다.

잰걸음으로 나는 이미 멀어져 간 그 모르는 사람을 따라갔습니다. 내 발소리를 듣고 그가 무슨 일이냐는 듯 뒤돌아보더군요. "선생님, 어디 사시는지요?" 하고 나는 물었습니다. 생각지도 않게 제 입에서 나온 질문이었지요. 저는 그저 그분이 누군지 알고 싶었을 뿐인데요. 하지만 내 입에서 이 말이 나오고 보니 나는 참말로 그분이 어디 사시는지 알고 싶은 소망이 생겼습니다. 요한과 같이 머물렀듯이 이제는 그분과 함께 머물고 싶은 소망이었지요. "당신들이 와서 보시오." 그때야 비로소 나는 요한의 다른 제자가 나와 함께 있다는 것을 알아차렸습니다. 우리는 곧장 그분을 따라갔습니다. 그분은 나에게 "당신이 와서" 라고 하시지 않고 우리에게 "당신들이 와서" 하고 말씀하시면서 단 한 마디로 우리를 당신과 결속시키시고 우리끼리도 이어 주셨던 것이지요.

우리는 그분이 그 무렵 살고 계시던 초막집을 보았습니다. 우리가 본 것은 초막집이 아니었어요. 오로지 그분을 보았을 뿐이고 밤이 늦도록 그분과 함께 있었습니다. "주님, 당신 집에 사는 이는 얼마나 좋습니까!" 하는 다윗의 말로 우리는 그분에게 말했습니다. 그분에게서 결코 떨어지고 싶지 않았습니다.

그때부터 우리의 삶은 그분 뒤를 따르는 것이었습니다. 우리가 살 집은 없었습니다. 그분이 우리의 집이었지요. 이제 우리에겐 더 이상 가족도 없었습니다. 그분이 우리의 가족이었어요. 우리에겐 그분을 따라다니고 그분과 함께 있는 것으로 충분했습니다. 우릴 어디로 데려가는지 알지도 못한 채 우리는 그분을 따라다녔습니다. 그분을 따르는 것이 우리 삶에 의미를 부여해 주었지요. 우리는 그저 그분의 추종자들이었습니다.

"그분에 대해 더 말해 주세요."

마치 그때처럼 요르단 강변에 있는 스승의 초막집에 머물기라도 하듯, 그분 현존의 감미로움을 음미하기라도 하듯 그 자리에 있던 사람들을 둘러싼 긴 침묵 후에 요안나가 다시 말했다.

햇빛 환한 그 오후보다 더 밝은 빛의 만남이었지요. 많은 말을 하시지 않았습니다. 어쩌면 내가 그분의 말을 기억을 못하는지도 모르지요. 제가 기억하는 건 오로지 내가 함께 머물렀다는 것이었습니다. 빛이신 그분의 현존이 우리를 홀렸어요. 요한이 우리더러 만나도록 준비시켰던 사람과는 영 달랐습니다. 그런데 이 모습이 바로 예언자들이 선포했던 대로가 아니던가요? "평화의 군왕은 외치지도 않고 목소리를 높이지도 않으리라. 그는 부러진 갈대를 꺾지 않고 꺼져 가는 심지를 끄지 않으리라."

우리가 기도하시는 그분을 홀로 두고 떠났을 때는 밤이었습니다. 나는 즉시 내 형 시몬을 깨우러 갔지요. 그도 세례자 요한의 말을 듣고 정화하는 물속에 들어가려고 다른 갈릴래아 사람들과 함께 거기까지 와 있었습니다. "나, 메시아를 만났어, 형!" 그는 아직 잠이 덜 깬 채로 제 말을 이해하지 못했습니다. "그래, 메시아라고! 우리가 메시아를 만났다는 말이야." 새벽빛이 밝자마자 우리는 함께 다시 그분에게로 갔습니다. 그분은 아직도 당신의 하늘에 잠긴 채 기도에 몰두해 있었습니다. 우리는 그분이 우리를 돌아보실 때까지 말없이 거기 앉아 있었습니다. "갈릴래아에서 너희를 다시 만나겠다" 하고 말씀하셨어요. 그러고는 유다 사막의 산 쪽으로 출발하셨습니다.

요한은 나를 힘껏 안아 주고는 떠나보냈습니다. 자신보다 더 크신 분을 따르도록 말입니다.

나는 고향인 벳사이다에서 멈추지 않았습니다. 이미 시몬은 카파르나움으로 이사를 했고 나는 새 집으로 그를 따라갔지요. 그런데 그 집, '이 집!'은 한 번도 진정 내 집이었던 적이 없습니다. 내 거처는 이미 나자렛의 메시아와 함께 거주하는 것이었으니까요.

그런데 그분은 어디에 계셨을까요? 왜 약속하신 방식대로 오시지 않았을까요?

나는 형과 함께 고기 잡는 일을 다시 붙들었습니다. 나와 함께 주님을 따라갔던 요한이 자기 아버지 제베대오와 형 야고보와 함께 고기 잡는 일로 돌아갔던 것처럼요. 하지만 이제 그것은 더 이상 내 직업이 아니었지요. 전 늘 고기 잡는 일을 좋아했답니다. 내 아버지 요나, 내 할아버지, 할아버지의 아버지의 직업이었지요. 우리 마을은 어부의 마을이었어요. 어부의 집이라는 뜻을 가진 벳사이다라는 이름 자체가 말해 주듯이요. 저는 계속해서 노를 저었고, 그물을 치고 또 당겼고, 물고기를 골랐습니다. 그렇게 손은 거기 있었지만 정신과 마음은 이미 선생님과 함께 있었지요. 내 일은 그분의 활동을 위해서 그분께 봉사하며 그분과 함께 머무르는 것이라고 여겨졌습니다.

하지만 그분은 어디에 계셨을까요? 왜 약속하신 방식대로 오시지 않았을까요? 그런데 그 청명한 아침, 밤새 내 내 고기를 잡은 다음에 오셨습니다. 우리는 그물을 손질

하고 있었지요. 나는 그분이 호숫가를 따라 우리를 향해 걸어오시는 것을 보았습니다. 마음속에 세례자의 말이 울리는 것을 들었습니다. "그분이시다" 하는 말요. "그분이시다." 나는 가느다란 소리로 말하고 기쁨으로 마비되어 꼼짝도 하지 못했습니다. 순간 나는 그 빛나던 한낮에 우리가 그분 주위에 고요히 앉아 있던 장면을 다시 보았습니다. "그분이시다."

그분은 나에게 눈길을 주셨습니다. 눈길 하나에 영원한 사랑이 전해졌습니다. 그분은 또 나에게 미소 지으셨지요. 그렇게 말없이 계속해서 저를 바라보셨습니다. 나를 향해 가볍게 손을 뻗으신 채로요. 그리고 눈길이 말이 되었습니다. "너희는 오너라. 나를 따라라. 너희를 사람 낚는 어부가 되게 하겠다." "너희는 오너라." 이번에도 그분은 나를 다른 사람과 함께 부르셨고 나를 당신과, 그리고 우리끼리도 밀접히 결속시키셨습니다.

나는 그물과 배를 떠난 것은 기억하지 못합니다. 다만 평온하고 깊은 평화가, 단순하고 강렬한 기쁨이 내 안에 가득 찼던 것만 기억합니다. 나는 더 이상 어부가 아니었고 그분의 제자였습니다. 나는 장차 사람을 낚으라고 그분에게서 파견된 그분의 사도가 될 것이었습니다.

그분은 카파르나움에 있는 우리 집에 거처하시려고 오셨는데 오히려 그분이 우리에게 집이 되어 주셨습니다. 그분과 함께 거처한 것은 바로 우리였던 것이지요. 아직까지, 지금도 우리는 이 집에서 그분과 함께 지내고 있습니다. 산 위에서 열두 제자를 세우셨을 때 우리에게 항상, 우리를 세상에 파견하실 때도, 당신과 함께 있을 것이라고 말씀하셨지요. 하늘로 올라가시기 전 우리를 온 사방으로 파견하실 때 그분은 어디에서나, 카파도키아에서도 비티니아에서도, 늘 우리와 함께 계시겠다고 약속하셨습니다.

그분은 여기 우리 집에 계십니다.

팔을 넓게 벌린 안드레아는 요르단 강에서 주님을 처음 만나던 날처럼 지금도 그 현존을 느끼면서 그분 주위로 모든 청중을 가까이 끌어당겨 하나로 묶어 안으려는 것처럼 보였다.

"계속해서 그분에 대해 말해 주세요" 하고 야이로가 청했다.

"그래요, 그분에 대해 더 이야기해 주세요." 안나도 되풀이했다.

"그분에 대해 말씀해 주시지요." 이번에는 나이 든 하인이 받았다.

우리는 여기 시몬의 집에 살았었지요. 하지만 배가 우리의 두 번째 집이었어요. 호수의 매끄러운 수면 위로 우리는 호수의 이편 둑에서 건너편 둑으로, 이 고을에서 저 고을로 힘껏 노를 저어 다니곤 했습니다. 카파르나움을 떠나 며칠 후 돌아올 때 배는 전에 우리가 어부였을 때 그러했듯이 물고기로 가득 차지 않았습니다. 배는 우리가 얻은 사람들의 마음으로 가득했지요.

그분은 우리를 사람 낚는 어부로 만드셨던 것입니다. 사실을 말하자면 그 무렵 그분만이 유일한 어부요 목자였으며 스승이셨습니다.

가끔 우리는 호수 한가운데 머무르곤 했습니다. 가장 깊은 침묵 안에서요. 뱃전에 부딪치는 느리고 리드미컬한 물결의 철썩거리는 소리만 들릴 뿐이었지요. 그분은 우리에게 군중에게 이야기하신 비유들을 설명해 주시고 하느님 나라와 하늘과 당신 아버지에 대해 말씀해 주셨어요.

하지만 그 하늘 같던 수면이 밤낮으로 갑자기 지옥으로 변하는 때가 있었지요. 미친 듯한 바람이 산과 산 사이의 좁은 틈으로 파고 들어와서 거칠게 물 위로 몰아쳐 산꼭대기처럼 높이 치솟는 파도를 일으키며 바람의 소용돌이를 만들었습니다. 배는 폭풍우 속의 지푸라기처럼 높이 튕겨 올랐다가 아래로 곤두박질치며 부서지는 것 같았습니다.

선생님께서 군중과 하루를 보내신 후 피곤하셔서 뱃고물에서 쉬고 계시던 때 날씨가 급변하여 깜짝 놀랐습니다. 배를 더 이상 다스릴 수가 없었지요. 우리는 돌풍이 몰아치는 바다에 익숙해 있었지만 그런 회오리바람의 폭풍은 본 적이 없었습니다. 바람과 파도의 분노가 커질수록 두려움도 커졌습니다.

그분은 거기 계셨습니다. 거기 계셨습니다. 배는 물결에 휘둘리고 있었고 그분은 주무시고 계셨습니다. 바다의 폭풍과 그분의 고요함.

시몬이 그분을 거칠게 흔들어 깨웠고 우리는 안달이 나서 함께 소리를 지르기 시작했습니다. "선생님, 선생님, 저희가 물에 빠지고 있습니다." 우리는 이미 배와 우리 자신에 대한 통제력을 잃어 버렸습니다. 이미 죽어 있었던 것이지요.

그러자 그분은 일어나셨습니다. 우리가 뱃전을 붙들고 있느라 애를 먹고 있을 때 그분은 어떻게 일어서셨던가?

일어나 두 팔을 벌리시더니 바다를 향해 명령하시는 것이었습니다. "조용히 해라! 잠잠해져라!" 마술처럼 바람이 멈추었습니다, 마술처럼 불기 시작했듯이요. 파도의 힘이 약해졌고 물은 고요해졌으며 바다는 미미한 파동도 없이 잔잔해졌습니다.

커다란 고요가 사면을 감쌌습니다. 커다란 폭풍, 커다란 고요 ….

바람과 바다도 복종하는 그분은 누구였던가요? "물 위에 당신의 거처를 세우시는 분." 우리는 우리 성조 다윗과 함께 중얼거렸습니다. "당신 사자로 삼으신 바람의 날개 위에서 춤을 추시는 분. 그분의 호통소리에 물이 물러나네." 이어 우리는 또 예언자 아모스의 말을 기억했습니다. "바닷물에게 명령하시는 분, 그 이름 주님이시다."

우리는 그분을 스승으로 알고 있었습니다. 그런데 이젠 그분을 주님으로 발견합니다.

우리는 더 이상 폭풍을 두려워하지 않을 것이었습니다. 그 어떤 폭풍도요. 삶의 물결이 들고 일어나 동요하고 우리 배가 난파될 위험에 처할 수도 있겠지만 그분, 주님이 항상 우리와 함께 계실 것이었고 그분의 말씀이 모든 역경보다 강력할 것이었습니다.

　나는 그분을 어디든지 따라갈 것이었습니다. 그분은 나의 주님이십니다. 그분을 위해서 나는 십자가에 올라갈 준비가 되어 있습니다.

그의 가족인 우리는

"그분에 대해 말해 주세요."

"우리의 이 거친 손을 좀 보세요. 우리는 말하는 것보다는 땅에서 일하는 것에 더 익숙해요."

"하지만 당신들은 그분과 가장 오래 살았던 사람들이잖아요."

"우린 그분을 알지 못했어요."

"하지만 당신들은 항상 그분의 형제들이요 자매들이었잖아요."

요셉, 시몬, 유다, 에스테르, 사라는 서로 쳐다보았다. 햇볕에 그을린 얼굴들에서 그분의 형제자매들로 인정받은 데 대한 만족감과 자부심이 묻어났다. 그분이 집을 떠난 날로부터 몇 년이 흘렀을까? 처음에는 세례자 요한을 만나기 위해, 다음에는 떠돌이 설교의 직무를 시작하기 위해서 그분은 집을 떠났다.

세월이 겨울날의 황혼처럼 빠르게 겹쳐지며 달아나는 동안 그들은 계속해서 나자렛의 기름진 땅을 갈았고 경사진 밭에서 추

수를 하고 채마밭에 물을 댔다. 계절은 늘 같은 모습으로, 늘 새로운 모습으로 이어졌다. 하지만 다른 곳에서는 말씀이 이스라엘을 넘어 안티오키아, 시리아, 아시아, 카파도키아, 마케도니아, 아카이아에 도달했으며, 로마와 그 너머까지 도착했음을 그들은 알고 있었다. 자신들의 나자렛 회당에서 귀 기울여 듣는 사람도 없이 울리기 시작했던 그분의 말씀이 이제 곳곳으로 퍼져 열매를 맺고 있었다.

요셉이 용기를 내서 말을 시작했다.

그는 여기에 이 바닷가 어부들의 동네에 우리와 함께 왔지요. 여러분의 배로 물을 가르며 다녔고 호수의 둑 위에서 말했습니다. 하지만 그는, 우리가 부르던 대로 하자면 예수아는 땅의 사람이었습니다. 우리와 달리 그는 아버지의 직업을 따랐고 나무, 돌, 쇠붙이로 일을 했어요. 하지만 안으로는 우리처럼 흙에 따라 형성된 사람이었습니다. 하느님께서는 땅의 진흙으로 우리를 빚어 만들지 않으셨던가요?

우리 나자렛 땅은 성경에 나오듯이 "물이 흐르는 시내와 샘이 있고, 골짜기와 산에서는 샘과 지하수가 솟아 나오는 좋은 땅"이었습니다. 우리의 좋은 땅 나자렛에는 젖과 꿀이 흘렀지요. 경작하지 않고 가꾸지 않은 땅 한 뼘도 흙 한 덩어리도 없었습니다. 포도나무, 올리브, 무화과나무와 곡물들이 계단식 밭을 이루고 있었지요.

그는 기도할 때 아버지를 "하늘과 땅의 주님"이라고, 곧 모든 것을 좋게 잘 만드신 창조주라고 불렀습니다. 지금은 우리도 그의 눈으로 하늘과 땅을 바라보지요. 아침나절은 더 파랗게 보였고 석양은 더 황갈색으로 보입니다. 그가 집에 머물 때 곧잘 되풀이하던 격언들이 기억납니다. "무화과나무와 모든 초목을 보아라. 싹이 틀 때 이미 그것들을 바라보면서 여러분 스스로 이제는 여름이 가까웠음을 압니다." "저녁이 되면 여러분은 '하늘이 붉그스름한 걸 보니 날씨가 좋겠군' 하고 말합니다. 아침이 되면 '하늘이 검붉은 걸 보니 오늘은 폭풍우가 일겠군' 하고 말합니다."

그렇게 우리에게 항상 새로운 놀라움과 경이로움으로 들의 백합을 바라보도록 가르쳐 주었습니다. 그토록 짧은 생명이지만 그 모든 호사를 누린 솔로몬도 입어 본 적 없는 찬란함으로 주님께서 꾸미시는 백합을 말입니다. 하늘의 새들, 별 가치가 없는 참새들도 자유롭고 즐겁게 날아 다니는 것을 바라보도록 가르쳐 주었습니다. 우리와 함께 비를 바라보았고 도랑물과 강물이 불어나는 것을 바라보 았으며, 바람이 집들을 들부수는 것을 보았지요. "바위 위 에 세워진 집은 든든하다" 하고 말했어요.

목수의 작업장에서 힘들여 일하시던 그는 우리의 수고 를 알고 있었습니다. 우리네 땅에서 흐르던 젖과 꿀은 얼 마나 많은 노동을 우리에게 요구했는지요. 우리가 들에 서 돌아오는 것을 보면서 그는 가끔 농담으로 "마른 가지 에서 포도를 따거나 가시나무에서 무화과를 따겠나?" 하 고 말하기도 했습니다. 또 어떤 때는 "눈물로 씨 뿌리던 사 람들이 기쁨으로 곡식을 거두리라" 하는 격언을 되뇌기도 했지요. 헤로데 당원들의 가혹한 징수에 대해서 알고 있 었고 세포리스와 티베리아스의 도시들을 건설하기 위한 무거운 세금에 대해서도, 인접 지역의 마을들에서 몰수되 어 베르니케 여왕을 위해 베사라에 저장되는 곡식에 대해 서도 알고 있었습니다. 가난한 사람들, 굶주리는 사람들, 절망에 빠진 사람들도 아주 잘 알고 있었지요. 다음과 같 은 그의 축복의 말씀은 얼마나 적절하게 울려왔는지요.

"가난한 사람들은 행복하다. … 지금 굶주린 너희는 행복
하다. … 지금 우는 너희는 행복하다."

그는 우리네 사람들의 탄식을 귀 기울여 들었습니다.
"무엇을 먹을까? 무엇을 마실까? 무엇을 입을까?" 나중에
그분은 당신 자녀 한 사람 한 사람을, 착한 사람이건 나쁜
사람이건, 의로운 사람이건 죄인이건 구별 없이 보살피시
는 사랑이 넘치고 배려 깊은 아버지를 그들에게 드러내
보여 주었습니다. 그 아버지는 각자를 위해 비를 보내 주
시고 태양을 떠오르게 하시는 분이었습니다. 그 아버지가
하늘의 새들을 먹이시고 들의 꽃들을 입히신다면 우리도
돌보지 않으시겠습니까? 우리가 악하면서도 우리 자녀들
이 청할 때면 좋은 것을 그들에게 먹으라고 준다면, 좋으
신 분 그분도 똑같이 하시지 않겠습니까? 우리는 아무도
두려워해서는 안 됩니다. 로마군도 헤로데의 경비병도 세
리들도 강도들도 그 누구도 말입니다. 아버지가 우리 각
자를 돌보시고 우리의 머리카락 하나하나까지도 세어 두
고 계시니까요.

그날 저녁에는 보통 때보다 많은 사람이 케파의 집에 모여 있

었다. 그분의 형제자매들은 나자렛에서 왔고, 벳사이다, 카나, 막달라 등지의 신자들도 있었다. 성조들의 전통에 충실하면서 길이신 그분을 따르는 사람들의 작은 공동체는 해마다 케파의 집에 모였고, 그곳에서 예루살렘의 성전으로 가는 이동 행렬이 형성되었다. 예수님의 형제자매들은 거룩한 도시의 신자 공동체를 이끌어 가던 맏이 야고보를 거기서 만나게 될 것이었다.

시몬은 말을 이었다.

그가 세례자 요한이 머물던 사막 지역의 긴 여행에서 돌아올 때 그에 대해 여러 말이 돌았습니다. "예언자처럼 설교하기 시작했대. 놀라운 일들을 행한다잖아." 우리는 그를 다시 껴안을 날을 학수고대했습니다. 그는 우리가 들에서 돌아오던 저녁 무렵 도착했습니다. 바로 그였습니다. 아무것도 변하지 않았어요. 그는 여전한 미소로 우리에게 인사했고 우리는 익힌 곡식과 올리브 열매를 함께 먹고 나서 어머니와 함께 집으로 돌아갔습니다. 안식일에 그분은 우리에게 말할 것이었습니다. 그가 그 말을 하지는 않았지만 우리는 그것을 알고 있었지요.

안식일이 왔습니다. 회당에는 우리 형제를 보려고 달

려온 나자렛 마을 전체가 모여 있었습니다. 모두 고개를 숙여 그에게 인사했지만 아무도 감히 그에게 말을 붙이지는 못했습니다. 여느 때보다 더 열정적으로 우리는 찬미가를 불렀지요. 기대가 점점 커 가는 동안 우리의 영혼은 타오르기 시작했습니다. 우리 모두를 가르쳤던 나이 든 라삐가 시중들던 이에게 성경 두루마리의 이사야 예언자 부분을 가져다주라고 그에게 지시했습니다.

예수아는 자신 있는 손동작으로 두루마리를 펴서 주의 깊은 눈길로 읽을 구절을 찾았습니다. 단호하고 차분한 목소리가 예언자의 말을 선포했습니다. "성령께서 내 위에 내리셔서 그 거룩한 기름으로 나를 축성하셨습니다." 그러고는 마치 보이지 않는 양피지에서 오래전부터 자신의 것으로 익숙해진 말들을 읽기라도 하듯이 앞을 바라보면서 계속 읽어 갔어요. 그는 이사야 예언자를 계속 낭독했습니다. 어떤 단어는 생략하고 다른 단어는 보충하면서, 곧 창작하면서 읽었습니다. "가난한 사람들에게 기쁨의 메시지를 전하고 갇힌 이들에게는 해방을 선포하고 눈먼 이들은 보게 하라고, 억눌린 이들은 풀어 주고 주님의 은총의 해를 선포하라고 나를 보내셨습니다."

그는 두루마리를 말아서 시중들던 이에게 주고는 자리
에 앉았습니다. 그는 한참 동안 말이 없었고 우리의 눈과
회당 안의 모든 이의 눈이 초조한 기다림 속에 그에게 꽂
혔지요. 우리 형제가 뭐라고 말했을까요? 그는 우리 회당
에서 여러 차례 성경을 읽었지요. 읽을 줄을 알았어요, 그
는. 하지만 결코 말을 하지는 않았지요. 그런데 그날 그가
뭐라고 말했을까요?

"오늘", 이렇게 시작하더니 한순간 멈추었습니다. 무한
한 기다림의 시간이었지요. "오늘, 여러분의 귀로 들은 이
말이", 그러고는 또다시 우리를 기다림의 침묵 속에 남겨
둔 채 한순간 멈추었습니다. "오늘 이루어졌습니다."

침묵은 더욱 깊어지는 것 같았습니다. 예기치 않은 그
말의 이해를 돕기 위해 눈을 가늘게 뜨고 놀라 두 팔을 벌
리면서 표정들이 어두워지는 것 같았습니다. 우리의 형제
는 예언자의 말을 자기 것으로 만들었을까요? 아니면 그
말은 장차 올 메시아의 말이었을까요? 어떻게 감히 그랬
을까요? 우리 중 하나, 우리 가족을 이루는 수많은 사람 중
하나인 그는 모호한 존재였습니다. 우리 가족은 수가 많
았고 결속되어 있었으며 모두가 서로 형제자매로 불렀고

단순한 사람들이었습니다. 우리 조상들은 다윗 왕의 고향인 베들레헴 출신으로 아스몬 사람들의 시대에 즈불룬 땅으로 옮겨 갔었지요. 우리 부족에서 메시아가 나오리라고 알려져 있었으며 우리네 여자들은 모두 주님의 기름 부음을 받은 자의 어머니가 되기를 꿈꾸었지요. 하지만 꿈은 젠체하는 오만이 아니었습니다. 그런 오만은 바로 예수아의 경우인 것 같았지요. 갈릴래아의 이름 없는 마을에서 나온, 평범한 가정의 평범한 남자가 어떻게 감히 스스로 주님의 기름 부음을 받은 자라고 선언하는 것일까요?

유다가 말을 이었다.

침묵이 지난 후 웅성거림과 의문에 찬, 불신과 실망의 눈길들이 재빨리 교차되었어요. 나지막한 소리들이 점점 커지고 옆 사람과 서로 수군댔습니다. 분노에 차서 벌떡 일어나는 사람들이 위협적으로 들어 올린 팔과 불끈 쥔 주먹, 말소리, 고함 소리, 모욕하는 말들이 교차했습니다. "저이는 자기가 누구라고 믿는 거야? 목수 요셉의 아들이 아닌가? 어머니는 마리아라고 하고 그의 형제들은 야고보, 요셉, 시몬, 유다라고 하지 않느냐 말이야? 그리고 그의 누이들은 모두 우리 사이에 있지 않나?"

그가 다시 말을 시작한 것은 그때였습니다. "물론 여러분은 '의사여, 네 병이나 고쳐라'라는 속담을 인용할 것입니다. '카파르나움에서 일어났다는 일들을 네 고향인 여기에서도 해 보시오!' 하고 말할 것입니다. 어떤 예언자도 자기 고향에서는 환영받지 못한다고 속담이 말하는 대로입니다." 그는 만족스럽지 않은 모습으로 자신을 엘리야와 엘리사에게, 그리고 이교도들 사이에서 행한 그들의 사명에 비유하고 있었던 것이지요. 그들 이방인들은 자신의 구원의 메시지를 우리보다 더 잘 받아들였으리라는 것을 암시하면서요. 도발의 절정이었습니다. 마을 사람들은 그를 향해 돌격하여 그를 마을이 끝나는 벼랑 끄트머리까지 끌고 갔습니다. 그를 죽이려고 했던 거지요!

한 줄기 전율이 케파의 집에 모인 신자들을 훑고 지나갔다. 그 몰이해의, 거부의, 임박해 있는 부분별한 폭력의 극적인 순간을 그들은 다시 살고 있었던 셈이다. 다시 말을 이어 간 것은 사라였다.

저는 그의 어머니 마리아와 함께 있었답니다. 저는 마리아의 마음에서 솟아오르는 기쁨의 박동을 알아차렸습니다. 그 기쁨으로 그분은 회당의 맨 끝에서 아드님이 전하러 온 구원의 선포를 들을 때 얼굴이 붉게 상기되었지요. 아무튼 그에게는 주님의 천사가 자신이 어머니가 되리라고 알려 주었던 그 먼 옛날부터 오랫동안 기다린 순간이 왔던 것입니다. 그리고 그 즐거움은 곧 쓰라린 두려움으로 바뀌었습니다. 한 줄기의 날카로운 전율이 그분을 흔들었고 입술이 떨렸어요. "내 아들아!" 하는 말이 간신히 낮은 소리로 흘러나오더니 곧 광기에 찬 군중을 따라 밖으로 뛰쳐나가는 것이었습니다.

예수아가 해방을 알리는 순간에 우리는 그를 단죄하며 미쳐 날뛰듯 거부했던 거지요. 생명이신 분을 죽음인 우리가 말입니다. 예루살렘에서 현실로 나타난 비극은 이미 그때 완성된 것입니다. 거기 예루살렘에서 그를 붙잡아 둘 수 없었던 무덤에서 자유로운 몸으로 나갔듯이 그렇게 우리 마을에서도 그는 자신을 붙잡으려는 군중 가운데를 당당하고 자유롭게 지나 그들에게서 빠져나갔습니다.

그러고는 가족을 두고 아주 떠났습니다. 여우들은 동

굴이 있고 하늘의 새들은 둥지가 있지만 그는 그때 이후
더 이상 머리 둘 곳이 없었습니다.

이번에는 에스테르가 말을 이었다.

그 떠남은 요르단 강의 강둑 위 요한에게로 갈 때의 그
떠남과 얼마나 달랐는지요. 그때는 주님의 집을 향해 가
는 여행을 시작하는 사람들의 환희의 노래를 부르면서 우
리가 그를 마을 어귀까지 동행했지요. 그 청명한 아침 우
리는 그가 지평선으로 사라질 때까지 손을 흔들었습니다.
그런데 지금은 멸시의 고함 사이로 도둑처럼 빠져나간 것
입니다.

얼마 지나지 않아 우리는 그가 여기 카파르나움에 자
리를 잡았다는 것을 알게 되었습니다. 하지만 케파의 집
은 그저 이 마을 저 마을로 떠도는 불안정한 여정의 출발
점과 도착점일 뿐이었지요. "그는 미쳤어" 하고 우리 형제
들은 말했었지요. 우리는 그가 예언자처럼 말한다고 하는
말을 들었고(우리 형제들은 "그는 미쳤어" 하고 말했어요), 기적을
행한다고도 들었어요(우리 형제들은 "그는 미쳤어"하고 말했지요).

어느 날 마리아 아주머니 댁에 가족이 모였습니다. "그는 미쳤어요." 우리 형제들이 말했지요. "저 아래 요르단 강 언저리에서 필시 그를 기고만장하게 만든 어떤 일이 있었던 게 틀림없어요. 머리가 돌았다고요. 이건 우리 집안의 수치고 그에게도 수치예요. 그를 도와야 해요. 집으로 데려와 치료를 해야 한다고요." 그들은 우리도 설득하여 마리아 아주머니와 함께 우리 형제를 찾아 나섰습니다. 우리는 군중에게 말하고 있는 그를 발견했습니다. 카나의 나타나엘이 우리를 알아보고 선생님에게로 달려갔습니다.

"선생님의 어머니와 형제자매들이 오셨습니다. 선생님의 일가 전체가 선생님을 만나려고 움직였군요."

"내 어머니? 내 형제들? 왜 나를 찾나요?"

우리를 보고도 그는 놀라지 않았습니다. 그의 말에는 어떤 원망도 묻어나지 않았어요. 그는 우리를 바라보더군요. 우리에게 미소를 지었어요. 저도 그에게 미소를 지었어요. 아니었어요, 그는 미치지 않았어요. 그때야 저는 알았습니다. 미친 것은 그를 알아보지 못한 우리였어요.

"선생님을 잉태하신 태와 선생님께 젖을 먹인 가슴은

복되군요." 침묵과 당혹스러운 분위기를 깨고 한 여자가 이렇게 외쳤습니다.

"참된 복은 내 아버지의 뜻을 행하는 자의 것입니다. 이 것이 내 어머니의 진정한 자랑이고 이것이 내가 내 어머니에게 돌리는 찬사입니다. 여러분 모두는 — 그는 주위를 둘러보며 계속 말했어요 — 내 어머니일 수 있고 내 형제자매일 수 있습니다. 내 말을 받아들여 삶으로 옮기는 사람들은 나에게 어머니요 자매요 형제입니다. 내 가족은 바로 여러분입니다." 그리고 계속해서 제자들에게 눈길을 향하며 말했지요. "내가 나자렛의 내 가족을 떠났다면 더 큰 가족, 온 인류라는 광대한 가족을 만들기 위해서입니다. 나는 여러분이 모두 하느님의 아들딸들이라는 것을 여러분 스스로 알게 하려고 왔습니다. 나는 모든 사람을 하느님의 커다란 가족 안에 모으려고, 모든 사람을 하나가 되게 하려고 온 것입니다."

그 순간처럼 예수아가 제 형제로 느껴진 적은 없었습니다. 나는 주변을 둘러보다가 나와 함께 백 명의 형제가, 백 명의 자매가, 백 명의 어머니가 있는 것을 알아차렸습니다. 그는 우리를 자신의 새로운 가족 안으로 인도하려고 우리 가족을 떠났던 것입니다. 피가 아니라, 그의 사랑이 우리를 묶어 주고 있었지요. 우리는 과거 어느 때보다도 더 그의 형제들이었고 그의 자매들이었습니다. 우리는 참으로 그의 가족이었어요.

우리 마을에 축제가 열렸는데

"그분에 대해 말해 주시오."

나타나엘은 말이 없었다. 그분에 대해 말하려고 거기까지 간 것인데 그는 그렇게 말이 없었다. 아르메니아 왕은 그를 주의 깊게 찬찬히 뜯어보았다.

"그분에 대해 말해 주시오." 한참을 기다렸다가 왕은 차분하게 다시 말했다. 이지적인 강렬한 눈빛이 그에게 꽂혀 있었다.

태양의 땡볕은 어느덧 지평선 너머로 사라졌고, 시원하고 부드러운 밤 그늘이 내리고 있었다. 폴리미오 왕은 왕관을 쓴 채 아들딸들, 오피르의 황금으로 단장한 왕자들과 공주들에게 둘러싸여 있었다. 그리고 원로들과 궁중의 고관대작들이 빙 둘러서 있었다. 횃불은 번들거리는 기름으로 까매진 얼굴들을 비추고 있었다. 향로에서는 향기가 퍼져 가고 있었다.

"그분에 대해 말해 주시지요." 왕은 상냥하게 되풀이했다.

이스라엘에 한 예언자, 지혜로운 자가 솟아났고, 우리 선조들의 하느님의 아들이 우리 가운데 나타났으니 나자렛의 예수였습니다.

작고 외진 마을 나자렛. "나자렛에서 무슨 좋은 것이 나올 수 있단 말인가?" 제가 살던 지역에서는 이렇게 말하곤 했지요. "나자렛에서 무슨 좋은 것이 나올 수 있단 말인가?" 제 친구 필립보가 얼굴을 빛내면서 저에게 와서, 기다리던 메시아를 만났다고 알렸을 때 저 자신도 외쳤던 말이지요.

그렇습니다. 그분을 기다렸습니다. 우리 백성 모두가 여러 세기를 두고 기다려 왔지요. 우리 마을의 라삐가 우리 젊은이들을 불러 모아 무화과나무 그늘에서 성경을 설명할 때 타오르는 열망과 희망, 그리고 확신이 저를 사로잡았습니다. 제가 그분을, 기다리던 분을 만난 것이 아닐까 하는.

다른 사람들이 떠나갈 때도 저는 남아서 무화과나무의 매끄러운 둥치에 등을 기대고 앉아서 예언자들의 말을 되씹고 있었습니다. 발람이 외쳤지요. "나는 그를 본다. 그러나 지금은 아니다. 나는 그를 바라본다. 그러나 가깝지는 않다. 야곱에게서 별 하나가 솟고 이스라엘에게서 왕홀이 일어난다." 저는 그를 지금 보았고 그의 말을 들었다고, 가까이서 그를 보았다고 확신했지요. 정말, 메시아가 오고 있었고 외국인의 억압에서 우리를 빼내 줄 것이었으며 우리의 마음을 해방시키고 우리에게 주님의 길을, 곧 어떻게 그분을 섬기고 사랑할 것인지를 가르쳐 줄 것이었습니다. 거룩하신 분이 참으로 우리 하느님이시요, 우리는 그분에게 사랑받고 선택받은 백성이라는 생각에 제 핏줄 속에서는 피가 빠르게 솟구쳤고 관자놀이가 뛰었지요. 그때는 모든 백성이, 제가 파견된 여러분의 백성도, 사랑받고 선택되었다는 것을 저는 몰랐어요.

필립보가 무화과나무 아래 앉아 있는 저를 보고 외쳤습니다.

"우린 구원자를 찾았어."

저는 벌떡 일어서서 그를 힘껏 끌어안았습니다.

"구원자를?"

"구원자를!"

그의 눈은 흥분으로 빛나고 있었지요. 저는 감격으로 전율했습니다.

“정말로 왔어?”

“정말로.”

정말일 수가 없었습니다. 그가 오기를 바랐고 또 오리라는 것을 알고 있었지만, 친구가 제게 그것을 외쳤을 때 저에게 그것은 참말이기에는 너무나 근사한 일이었던 것입니다.

“참말?” 저는 또 물었지요.

필립보는 제 양팔을 꽉 붙잡고는 한참 동안 저를 바라보는 것이었어요. 그러더니 이렇게 속삭였습니다.

“예수라네, 나자렛에서 온.”

내 그럴 줄 알았지! 또 한 번의 실망이었습니다. 어쩐지 너무도 멋진 일이다 싶었지요. ‘임마누엘이 나자렛에서 나온다고?’ 있을 수 없는 일이었습니다. 내가 무화과나무 아래서 연구하던 성경에 따르면 임마누엘은 유다 지파 출신의 왕족이었지요. 그러니까 위대한 왕의 거룩한 도시 예루살렘이나 그 주변에서 나와야 했던 거지요. 물론 우리네 땅, 곧 ‘이방인들의 갈릴래아’에서 나오지는 않을 것이었고요. 여기저기서 모여든 여러 민족이 살던 땅, 불결한 피로 더럽혀진 땅, 거룩하지 못한 땅인 우리 지역은 그렇게 "이방인들의 갈릴래아"로 불렸습니다. 더구나 나자렛으로 말하자면, 우리 마을 카나에서 12킬로미터가 될까 말까 한 거리에 있었는데, 시골 마을 사이의 작은 경쟁심은 저에게 나자렛 사람들에 대한 미묘한 우월감 같은 것을 느끼게 했답니다.

"왜 나를 놀리는 거지, 필립보? 내가 그분을 열렬히 기다린다는 걸 알고 날 조롱하는 건가?"

그는 재미있어하며 저를 보고 웃더군요. 그리고 단순하게 이렇게 말했어요.

"와서 보게나."

그러고는 나를 그분에게 데리고 갔습니다.

"톨마이의 아들 나타나엘, 거짓의 그림자라곤 없는 참된 이스라엘 사람이로구나." 예수님은 제가 오는 것을 보시더니 작은 집단을 이루어 당신을 둘러싼 제자들을 향해 이렇게 외치셨습니다.

"도대체 어떻게 저를 아십니까?" 아직 못 미더워하면서 나는 그분께 물었지요.

"네가 무화과나무 아래 있는 것을 보았다."

그분은 저를 알고 있었습니다. 제 기다림을, 제 마음속에 타오르던 희망을 알고 계셨던 거지요. 저는 제가 그분을 기다린다고 믿었는데 오히려 그분이 저를 기다리고 계셨습니다. 제가 무화과나무 아래서 그분을 생각하기 전에 이미 그분은 저를 생각하고 계셨고, 저는 그분의 마음속에 머물고 있었던 것이지요.

어머니는 아홉 달 동안 아기를 기다립니다. 아기가 태어나기도 전에 그 아기를 생각하고 아기를 갈망합니다. 아직 아기를 보지는 못하지만 이미 아기를 꿈꾸고 아기를 위해 행복한 삶을 소망하면서 아기의 미래를 염려합니다. 아홉 달, 아홉 달이나 되는 기다림의 시간에 말입니다. 그래서 아기는 태어날 때 벌써 아홉 달의 넉넉한 사랑에 감싸이게 됩니다.

하지만 하느님의 무한함 앞에 아홉 달은 무엇이겠습니까? "네가 무화과나무 아래 있는 것을 보았다." 언제? 한순간에 저는 하느님의 오랜 희망이 이루어지는 것을 보았습니다. 하느님은 여러 세기를 두고 저를 굽어보셨던 것입니다. 제가 존재하기 전부터 저를 보고 계셨던 것이지요. 제가 그분을 생각할 때 그분은 무화과나무 아래 있는 저를 영원으로부터 생각하셨고, 저를 꿈꾸셨으며, 저를 바라보셨고, 저를 사랑하셨고, 저를 염려하셨던 것입니다.

이제 저는 그분의 눈앞에 태어났습니다. 어머니의 태에서 나온 아기처럼 말입니다. 기다림의 대상은 바로 저였고 저는 세기를 두고 무르익은 사랑 안에 받아들여진 것입니다.

"라삐, 라삐께서는 우리가 기다려 온 분이고 이스라엘의 왕이십니다." 저는 계시의 빛에 눈이 부셔서 그분께 외쳤습니다. 그러고는 멈추어서 그분을 바라보았습니다. 그분의 아름다운 얼굴에서 빛이 뿜어 나오는 것 같았습니다. 더 이상 갈릴래아의 라삐, 나자렛의 예수가 아니었습니다. 저는 우리의 다윗 왕께서 구원자를 두고 하신 말씀이 퍼뜩 떠올랐습니다. "너는 내 아들, 내가 오늘 너를 낳았노라." 그래서 저는 낱말 하나하나를 또박또박 발음하면서 이렇게 말했습니다.

"선생님은 하느님의 아들이십니다."

"그렇게 사소한 일 때문에 믿느냐? 너는 그보다 더한 일을 보게 될 것이다."

정말이지 저는 그보다 더한 일들을 보게 될 것이었습니다.

말씀과 행적에서 위대하신 분, 그분은 선을 행하면서 다니셨습니다. 병자들을 고쳐 주시고 소경들의 눈을 열어 주시며, 귀머거리들에게 청각을 부여하셨고 악령들을 쫓아내셨습니다. 죽은 이들을 살리시고 죄인들을 환대하시며 그들의 죄를 짊어지셨고 사람들의 마음을 진리를 향해 열어 주셨습니다.

그분은 당신보다 먼저 온 예언자들처럼 우리 지도자들에게 이해받지 못했습니다. 그들은 그분을 로마인들의 손에 넘겼고 로마인들은 그분을 고문하고는 치욕적인 처형대에 못 박아 죽였습니다.

하지만 죽음은 그분을 잡아 둘 수 없었던 것이, 그분은 생명을 지으신 분이었고 생명이셨기 때문이지요.

그렇게 해서 하느님께서는 사흘째 되는 날에 그분을 죽음에서 부활시키셨습니다. 그분은 당신 죽음으로 죽음을 쳐 이기셨고, 당신 부활로 우리에게 생명을 돌려주신 것이지요.

그런데 그때 그분은 저에게 단지 열린 하늘을 볼 것이고 하느님의 천사들이 사람의 아들 위에서 오르내리는 것을 볼 것이라고만 말씀하셨습니다. 저에게는 환희 속의 환희였습니다. 야곱의 사다리라니! 바로 우리 선조 야곱이 보았던 환시인 것입니다. 그의 새로운 이름인 이스라엘이 우리 민족에게 주어진 이름이지요.

바로 그분이었습니다, 모든 민족이 기다려 온 분!

톨마이의 아들, 바르톨로메오는 갈릴래아의 마을 카나를 살짝 벗어난 곳에서 먼 옛날 바로 그날에 그랬듯이 황홀경에 젖어 들었다.

최초의 인간이 닫아 버린 하늘을 활짝 열어젖힌 사람의 아들 위에서 천사들이 오르내리는 것을 보고 있는 것 같았다.

그 자신이 하늘로 오르는 그 소용돌이 속에 빨려 들어가 있었고, 하느님의 아들과 함께 이미 하늘에 있었다. 그리고 천사들에 의해 다시 땅으로, 그 아르메니아 땅 모든 인간과 이웃이 된 '사람의 아들' 곁으로 내려왔다.

"당신이 그분을 만난 이야기를 해 주었으니 이제 그분에 대해 이야기해 주시오."

"그분에 대해 이야기하려고 저는 여기 와 있습니다. 그분이 저를 보내셨지요."

"우린 기다리고 있소."

횃불이 얼굴들을 환히 비추고 있었고, 유향은 허공으로 향기를 보내고 있었다. 왕자들과 공주들은 기다리고 있었다. 백성의 고관들이 기다리고 있었다. 신하들과 종들도 기다리고 있었다.

저는 그분을 "하느님의 아들"이라고 불렀고 그분은 자신을 "사람의 아들"이라고 불렀습니다. 제가 무화과나무 아래서 꿈꾸었던 메시아에 대한 관념은 제 눈앞에 있는 나자렛 예수와 얼마나 달랐는지요! 저는 그분을 보이지 않는 천사 부대의 호위를 받고 신성함에 감싸여 적을 짓밟아 산산조각 낼 강철 같은 왕권을 손에 쥔 강하고 힘 있는 분으로 상상했지요.

그런데 제 앞에 계신 그분은 대단히 인간적이고, 우리가 만나고 사흘이 지난 후에 있었던 제 친구의 혼인 잔치에서처럼 삶의 작은 일들에 기뻐하는 분이었습니다. 단식을 하고 광야의 고독 속에 살던 엄격한 고행자 세례자 요한과 같지 않았습니다. 그분은 먹고 마시고 사람들과 어울렸지요. "먹보요 술꾼"이라고 험담꾼들이 말했듯이요. 그분은 먹보도 술꾼도 아니었습니다. 기쁨과 아픔, 꿈과 희망을 함께 나누는 사람들을 사랑하는 것뿐이었습니다.

 그분에 대해 말해 주세요

그분이 신적 권능을 드러내신 것은 바로 제 친구인 신랑 신부에 대한 이 지극히 좋으신 인간적인 모습, 그들에게 가까이 머무르시는 인간적 행위에서였습니다.

아무도 알아차리지 못했지만 포도주가 떨어졌습니다. 혼인 잔치에 인간의 마음을 즐겁게 하는 포도주가 없다면 그것은 더 이상 잔치가 아니지요.

그분의 어머니가 그것을 알아차렸는데, 그 어머니도 신랑 신부와 손님들의 시중을 들기 위해 잔치에 와 계셨지요. "포도주가 떨어졌구나." 어머니는 그분에게 속삭였습니다.

예수님은 신랑 신부를 바라보셨습니다. 폭이 넓은 하얀 겉옷을 입고 월계수와 은매화로 꾸민 신부는 머리에서부터 발끝까지 휘감은 새하얀 베일보다 더 창백했습니다. 신랑은 포도주가 없는 것을 사람들이 눈치챘을까 봐 두려운 마음으로 주위를 둘러보았지요. 그때 누군가 외쳤어요. "포도주! 누가 포도주를 나르나요?"

"포도주가 떨어졌구나." 어머니의 이 말에서 그분은 마치 메시아에 대한 약속, 아주 오래전부터 풍성한 포도주로 상징되어 온 그 약속이 이루어지기를 기다리는 우리 백성의 간청을 들으시는 것 같았습니다. "그날에는 산마다 새 포도주가 솟아나 언덕마다 흘러내리리라" 하고 예언자들이 말했지요. 그분은 우리 선조들의 옛 율법으로는 충분치 않고 새 포도주가 필요하다는 것을 알고 계셨던 것입니다! 인간적 사랑을 경축하는 그 잔치가 하느님의 사랑을 드러내는 자리가 될 수도 있었던 것이지요.

어머니 마리아는 아들의 마음속에 스쳐 가는 것을 직감으로 알아차리셨습니다. 그 두 분은 서로를 너무도 잘 알고 계셨던 것입니다. 어머니는 민첩하게, 그리고 확신에 차서 하인들에게 말씀하셨습니다. "그가 시키는 대로 하세요." 어머니의 말씀이 제 마음에 박혔습니다. 저희 모두가 기억하는 마지막 말씀, 당신 아들을 가리켜 우리에게도 하시는 말씀이었지요.

하인들은 예수님이 말씀하신 대로 했습니다. 500리터, 700리터나 되는 항아리에 물을 채웠습니다. 그러고는 의아해하면서 물을 길어 주전자에 담아 과방장에게 내밀었습니다.

"뭐요?" 그는 물었습니다.

하인들은 감히 답하지 못했습니다. 물이라는 것을 알

고 있었던 것이지요. 그 어이없는 짓을 뭐라고 변명하겠습니까?

"포도주로군." 주전자를 주의 깊게 들여다보면서 그는 주저하듯이 말했습니다.

정말 포도주였습니다. 포도주가 도대체 어디서 솟아났을까요? 떨어지고 없는 것 같았는데요.

그는 한 모금을 마시더니 눈을 감고 그 액체를 입 안에 담고 있다가 삼켰습니다. 다음 순간 그는 눈을 크게 뜨고 하인들에게 시선을 고정시켰습니다.

"이게 어디서 나왔소?" 의심스러워서 그는 다시 물었습니다.

그는 더 차분하게 집중하여 다시 그 행위를 반복했습니다. 더 이상 하인들을 바라보지 않고 주전자를 쳐들고 빠른 동작으로 중앙 식탁으로 갔습니다.

"대단하신 주인님, 우리 신랑께서 잔치의 멋진 마지막을 위해 좋은 포도주를 아껴 두셨군요! 마지막에는 손님들의 입맛이 이미 무뎌졌음을 믿고 찌꺼기를 내놓는 다른 사람들과는 달라요. 이건 맛본 적이 없는, 그야말로 끝내주는 포도주예요. 믿으려면 일단 맛을 보시라고요. 양은 모두가 마실 만큼 돼요. 항아리들에 가득하다고요!"

기쁨의 환성이 솟아올랐고 우레 같은 박수 소리가 터져 나오고 항아리 주변으로 사람들이 몰려들었다.

잔치가 끝나고 저는 제 고장을 영원히 떠나 베드로와 안드레아의 고향 카파르나움으로 그분을 따라갔습니다. 저는 포도밭과 곡식을 내는 널따란 밭들을 두고 그 땅을 떠났습니다. 저는 땅의 사람, 농부였는데 말입니다. 그러고는 어부들과 함께 호수의 물 위로 갔습니다.

저는 더 이상 농부가 아니었고, 어부가 되지도 않았습니다. 저는 다른 존재, 곧 그분의 제자가 되었습니다. 그분은 저에게 자신의 실제 존재를, 곧 물을 포도주로 바꾸시는 분임을 계시해 주셨습니다. 이는 십자가에서의 당신 죽음과 부활로 이루실 훨씬 더 큰 기적의 표징이었지요. 연약한 우리 인성이라는 물을 당신 신성의 포도주로 바꾸시는 기적이요, 우리를 하느님의 본성에 참여하게 하시고 우리를 하느님이 되게 하신 것입니다.

빵 다섯 개와 물고기 두 마리

"그분에 대해 말해 주세요."

"나는 이미 여러분을 위해서 빵을 나누었어요."

"그리고 우리에게 성경을 읽어 주기도 하셨지요. … 이제는 우리에게 그분에 대해 말해 주세요."

"나는 그때 어린 소년이었을 뿐이라는 걸 여러분은 알잖아요."

"당신은 지금도 젊지만 그때 그분과 함께 있었기 때문에 선택되신 거잖아요. 그러니 그분에 대해 이야기 좀 해 주세요."

그는 아직 젊었다. 어쩌면 원로가 되기에는 너무 젊은 것인지도 몰랐다. 그럼에도 안드레아는, 스승님께서 예루살렘에서 이층 방에서 마지막 만찬을 당신의 제자들과 나누실 때 말씀하신 대로 계속 빵을 나누기 위해, 카파르나움의 신자들 중 바로 그를 택했다.

그는 젊었다. 하지만 그는 빵 소년이었고, 빵을 나르고 쪼개어 나누는 일은 그의 몫이었으며 지금도 그랬다. 성조들의 성경을 가르침 받기 위해, 그리고 공동체를 이끄는 데 그와 동반하기 위해서 곁에 야이로가 붙어 있게 될 것이었다.

나는 사정이 허락하기만 하면 집에서 뛰쳐나오곤 했지요. 나는 숨이 차도록 뛰었고, 물을 튀기면서 달렸으며, 태양에 취했어요. 매끄러운 돌멩이들을 골라 확실하게 던져 물수제비를 뜨면서 거울 같은 수면에서 돌멩이가 튀어 오르도록 했지요. 한 번, 두 번, 네 번, 일곱 번 … 그러고는 또 다시 반복하면서 그 고독한 놀이로 나 자신에게 도전하곤 했답니다.

그러던 어느 날, 내 돌멩이 곁으로 다른 돌멩이 하나가 물줄기를 스치며 비껴 날아갔습니다. 내 돌멩이보다 빠르고, 더 여러 번 수면 위로 튀어 더 멀리까지 가더라고요.

"오늘 밤 나랑 같이 배 탈래?"

놀라고 망설이는 나를 보며 그는 계속 말했습니다.

"너 노 젓는 법 알아?"

나는 노를 저을 줄 몰랐지만 모른다고 말하기가 부끄러웠어요.

"자, 어서 배에 올라타."

그는 배로 뛰어올랐고 나는 그의 뒤를 따랐습니다.

그때부터 그는 자기 형 시몬과 함께 자주 나를 호수로 데려갔습니다. 우리는 집안끼리 가까운 사이였지요. 부모님이 내가 안드레아와 함께 다니도록 내버려 두셔서 기분 좋았습니다. 나는 배가 물에 나갈 때 노를 제대로 기울이는 각도와 노걸이에 노를 단단히 매어 두는 법을 배웠고, 바람이 지나는 길을 이해했으며, 물고기와 그물의 이름들을 익혔지요. 이따금 호수의 물결이 요람처럼 배를 얼러 주는 동안 그 물결이 배의 후미 외벽에 규칙적으로 부딪치는 소리를 들으며, 안심하고 기분 좋게 뱃고물에서 잠들곤 했어요.

그리고 그분이 오셨습니다.

나는 그들과 함께 배를 타고 나가는 일을 그만두었습니다. 배는 이제 선생님을 태워다 드리는 데 쓰였던 것이지요. 나는 집에서 나갈 수 있게 되기만 하면 곧장 호수의 둑으로 달려갔습니다. 거기서 나는 보았어요. 그들이 떠나가는 것을, 그들이 오는 것을요.

그들이 집으로 돌아갈 때, 오늘 저녁 우리가 모여 있는 바로 이 집으로 돌아갈 때 자주 안드레아는 호수로 혹은 내가 양 떼를 지키고 있던 풀밭으로 나를 찾아오곤 했지요. 나를 발견하자마자 그는 나를 향해 달려오다가 내 앞에서 갑자기 우뚝 멈춰 서곤 했어요. 심각하기 그지없는 표정으로 나를 바라보다가 내 머리카락을 마구 헝클며 기분 좋게 웃음을 터뜨리곤 했습니다. "너에게 해 줄 이야기가 많으니 좀 앉아라." 그는 선생님이 행하신 기적이나, 예루살렘에서 온 학자들 또는 율법학자들과의 사이에서 벌어졌던 논쟁에 대해서는 말하지 않았어요. 선생님이 군중에게 해 주셨던 놀라운 이야기들을 들려주었지요.

"어떤 아버지가 아들 둘을 두었단다. 작은아들이 아버지에게 가서 이렇게 말했지. '집을 떠나기로 작정했습니다. 세상을 알고 싶어요. 부탁이니, 저에게 돌아올 몫을 주시고 제 인생을 제가 살도록 자유롭게 내버려 두세요. 전 모험이 좋아요.'"

안드레아는 이야기에 등장하는 인물들에 맞추어 목소리를 바꾸면서 천천히 이야기했습니다. 내 눈앞에 인물들과 풍경들을 그려 보여 주었는데, 인물들이 눈앞에서 살아 움직이는 듯했고, 풍경들이 내 앞에 펼쳐지는 것 같았

어요. 차츰차츰 이야기가 진행되면서 스스로 이야기에 열
중하여 손과 눈, 얼굴의 모든 근육까지 움직여 말을 하는
것이었어요. 선생님이 말씀하시는 모습이 그랬을까요?

"어떤 사람이 예루살렘에서 예리코로 내려가고 있었
단다. 너 유다 지방의 커다란 광야에 가 본 적이 한 번도 없
지? 그렇지? 거긴 강도들이 패거리로 나타나는 위험한 곳
이야."

"어떤 농부가 밭을 갈고 있었는데 말이야. 쟁기 끝이 뭔
가 단단한 물체에 부딪치는 바람에 그만 몸이 움찔하면서
심하게 흔들렸지 뭐냐. 농부는 '돌멩이로군' 하고 생각했
지. 그런데 아니었어, 보물이었던 거야. 생각해 봐. 그게 보
물이었단 말이다."

매번 그는 여기저기로 저를 데리고 다녔어요. 값비싼
진주를 파는 상인이 있는 먼 나라로, 혼인 잔치와 장례식
에서 노는 아이들이 있는 어떤 동네 광장으로, 찬장의 밀
가루에 누룩을 넣어 두는 엄마가 있는 집으로, 잃어버린
동전을 찾으려고 동분서주하는 근처 아주머니네 집으로,
잃어버린 양 한 마리를 찾으러 산 위로요.

예수님은 아름다운 이야기들을 얼마나 많이 할 줄 아

셨는지. 나도 그 이야기들을 알아들을 수 있었어요. 비유들 말이에요. 혼인 잔치 이야기, 집을 짓는 사람들과 망대를 세우는 사람들 이야기, 막노동을 하는 일꾼들과 소작인들 이야기, 문지기와 종들 이야기, 골칫거리 자식들과 곧 잘 싸우는 형제들 이야기, 빚진 자들과 빚을 지운 사람들 이야기, 자기밖에 모르는 부자들과 굶주림에 떨어진 가난뱅이들 이야기, 무기력한 재판관들과 보호해 줄 이 없는 과부들 이야기.

그분의 이야기에서는 해가 뜨는 것, 바람과 폭풍이 이는 것을 볼 수 있었고, 어린 양과 늑대, 노새와 낙타, 수소와 황소, 개와 새끼 염소, 고래와 물고기, 비둘기와 까마귀, 암탉과 수탉과 병아리들, 각다귀와 좀, 벌레와 참새, 전갈과 뱀 등이 등장했으며, 갈대, 무화과나무, 곡물, 뽕나무, 백합, 올리브나무, 종려나무, 가시나무, 겨자나무, 돌무화과나무, 포도나무, 가라지 등이 솟아났지요.

그분의 말씀하시는 품이 얼마나 생생했는지 우리 일상생활의 작고 소박한 것들을 빌려 오곤 하셨습니다. 비유를 말씀하시는 데 있어 단순하면서도 비범하셨어요. 한낱 어린아이였던 나에게도 더 참된 세상, 곧 하늘 나라를 알아차리기가 쉬웠고 그 나라에 어떻게 들어가는지, 그 나라에서는 어떻게 사는지를 이해하도록 해 주었으니까요. 나는 안드레아에게 물었습니다.

"왜 선생님과 떠날 때는 절 아저씨와 함께 배에 태워 데려가 주시지 않는 거예요? 왜 전처럼 절 데려가지 않으시는 거죠?"

"넌 아직 어린애야."

"라삐의 제자들은 아저씨처럼 청년들뿐이라는 것은 저도 알아요. 하지만 저도 그 비유들은 알아듣는다고요. 전 그 비유들이 좋아요. 그분이 말씀하시는 비유들을 듣고 싶어요."

"넌 어린애일 뿐이라니까."

"그렇지만 그분은 다른 라삐들과 같지 않아요."

어찌해 볼 도리가 없었습니다. 그분의 제자들은 라삐 예수와 함께 있을 때는 우리를 자기들 틈에 끼워 주려 하지 않았지요.

한 번은 선생님이 그들 어른들에게 둘러싸인 채 집 문턱에 앉아 계실 때 우리는 길에서 놀고 있었습니다. 우리보다 더 어린 꼬마들이 신나게 소리를 질러 대며 좀 더 큰 애들인 우리 주위로 활기차게 뛰어다니고 있었지요. 야고보와 토마스가 몇 차례 노려보더니만 급기야는 무서운 얼굴을 하고 손을 쳐들며 우리에게 다가왔지요. "도대체 왜 이리 시끄럽게 구는 거냐?" 위협적인 어조로 소리를 지르더군요. "조용히들 해, 가만 좀 있으란 말이다. 저리로 좀 가거라. 선생님께서 말씀하고 계시는 게 보이지 않느냐?"

"애들이 나에게 오도록 내버려 두어라."

그분이었어요. 그분은 자리에서 일어나셔서 우리에게 가까이 오라는 손짓을 하셨어요.

아이들은 한순간 서로 바라보았습니다. 야고보와 토마스가 윽박지르는 바람에 겁을 먹고 있었지요.

"이리들 오너라. 자, 어서 와." 선생님은 또다시 말씀하셨어요. 미소를 지으시며 팔을 활짝 벌리신 채 우릴 기다리는 자세로 몸을 앞으로 굽히고 계셨어요.

아이들은 아까보다 더 큰 소리를 지르기 시작하면서 달려가서 그분께 뛰어들었습니다. 그분은 아이들을 힘껏 껴안아 주셨지요. 어떤 아이들은 들어 올려 안으시고 어떤 아이들은 그분의 다리를 팔로 감싸고 달라붙어 있었어요. 내 막냇동생은 자기를 좀 봐 달라고 계속해서 그분의

옷자락을 잡아당기고 있었는데, 그분은 그 녀석을 안으시
더니 공중으로 높이 던졌다가 떨어질 때 받기를 몇 차례
나 반복하시는 것이었어요.

　좀 큰 애들인 우리도 그분께 다가갔습니다. 그분께 가
까이 다다르자 그분은 두 팔을 펴시어 내 어깨를 움켜쥐
고 나를 흔드시더니 다시 멈추시고는 눈을 똑바로 바라보
시는 것이었어요.

　내 눈을 바라보셨다고요!

　그분은 거기 그렇게 계셨어요, 온전히 나만을 위해서.
난 거기 그렇게 있었지요, 온전히 그분만을 위해서.

　계속 심장이 뛰어 대기 시작했다, 멈출 수 없이. 그 순간으로
부터 벌써 여러 해가 지났지만 그 일을 기억할 때마다 여전히 심
장이 뛰어 댔다, 그때처럼. 자신의 마음을 뚫고 지나가면서 자신
안에 전에는 결코 느껴 본 적이 없는 기쁨을 넣어 준 그 눈길을
그는 아직도 자기 눈 속에 간직하고 있었다. 잠시 후 심장이 정상
적인 박동을 되찾자 그는 자기가 평화 속에, 잔잔하고 깊은 평화
속에 머물러 있었음을 깨달았다. 그는 감격에 겨워 목소리가 갈
라졌다. 더 이상 이야기를 이어 가지 못했다.

"계속해서 그분에 대해 말해 주세요."

그가 눈물이 반짝이는 눈을 손등으로 몇 번이고 문지르고 난 후 그들은 다시 조르기 시작했다.

어느 날 저녁 안드레아가 집으로 날 찾아왔지요. "내일 또 떠난다. 이번에는 너도 오렴." 그러고는 동의하는지를 알아보려는 듯이 우리 아버지와 어머니를 바라보더군요. "온 갈릴래아에서 사람들이 몰려오고 있다. 티로와 시돈에서도, 데카폴리스와 유다에서도 …. 우린 그 사람들을 여기에서 만날 수가 없어. 그분은 조용하고 넓게 트인 장소가 더 낫다고 생각하시지. 너도 그분이 말씀하시는 것을 직접 들을 수 있을 거야. 내가 너에게 이야기해 줄 필요가 없이 말이다." 그는 나가면서 나를 돌아보더니 윙크를 하면서 이렇게 말하는 거예요. "부디 뭐 먹을 것 좀 가져오너라. 배가 고파지면 돌멩이라도 먹으려 들 테니까."

우리는 사흘을 밖에서 지냈지요. 사람들은 계속해서 오고, 오고 또 왔어요. 나는 그렇게 많은 사람을 본 적이 없었어요. 남자와 여자, 귀족들과 가난한 이들, 건강한 이들과 병든 이들, 모두가 그분을 보고자 했고 모두가 그분을 만지고자 했으며, 모두가 그분의 말씀을 듣고자 했지요.

그 많은 사람을 보시고 그분은 감격하셨어요. 굶주리고 진리에 목마른 채 희망을 찾아 당신에게로 오는 그 사람들에게 연민을 느끼셨습니다. 마치 목자 없이 내버려진 채 흩어진 양 떼와도 같아 보였던 거지요. 당신께로 몰려오는 사람들의 마음속을 지나가는 것을 그분은 알아차리셨습니다. 나에게는 그저 얼굴 없는 익명의 군중으로만 보였는데, 그분께는 사람, 하나하나를 다 알고 있는 개별적인 사람이었던 거지요. 그들의 고통, 절망, 고뇌, 불안의 감정을 느끼셨던 거예요. 불확실성, 탐색, 불만족, 의혹과 냉담함을 그들 각 사람과 나누셨습니다. 그들이 느끼는 것을 그대로 느끼셨습니다.

그런데 왜 나는 지금 계속해서 과거형 동사를 쓰고 있는 거지요? 그분은 멀고 먼 해안에 계셨던 것처럼 바로 여기에, 우리들 안에 계시는데, 각 남자, 각 여자 곁에, 그들 자신의 심장의 고동을, 우리 자신의 느낌으로 심장이 뛰고 계시는데 말이지요. 그분은 우리에게 낯선 분이 아니에요. 우리의 모든 것을 아시고 모든 것을 우리와 함께 살아가신다고요. 우리가 가는 길에서 우린 혼자가 아니에요, 결코. 우리의 모든 것을 함께 살고 함께 나누시지요.

군중을 보자 그분의 입술에는 예언자의 말씀이 피어올랐습니다. "내 양들은 흩어졌고 들짐승들에게 붙잡힌 신세가 되었구나. 뿔뿔이 흩어져 떠돌아다니고 있는데, 그들을 찾아 나서는 이 아무도 없고, 그들을 돌보는 이 아무도 없도다. 그러니 이제 내가 몸소 내 양 떼를 찾아 나서고, 내 양들을 돌볼 것이며, 모든 곳에서 그들을 불러 모으리라. 그들을 기름진 풀밭, 신선한 물이 있는 곳으로 이끌어 쉬게 하리라. 잃어버린 양을 찾아 나설 것이며, 그 잃어버린 양을 우리로 데려올 것이며, 병든 양을 치료해 주리라."

그러니까 그분은 착한 목자였던 것이지요. 산에서 길을 잃어버린 양의 비유에서 말씀하신 적이 있는, 그 양을 찾기까지 포기하지 않은 아름다운 목자. 그리고 그 양을 찾고는 성내지도 꾸지람도 않으며, 어깨에 둘러메고 기쁨에 넘치는 목자였습니다. 그분이 그 목자였습니다. 주님께서 예언자에게 말씀하셨지요. "그들을 기르고 목장으로 인도할 목자를 그들에게 일으켜 주리라. 내 양 떼들이여, 너희들은 내 목장의 양 떼요 나는 너희들의 하느님이로다." 이것이 우리 하느님이신 주님의 말씀이었습니다.

"그들 때문에 마음이 아프구나." 결국 이것이 선생님의 말씀이었습니다. 착하고 아름다운 목자는 당신의 양 떼를 먹이셔야 했지요. 그분은 그들을 가르치시고 치유해 주시기 시작하셨습니다. 그리고 마침내는 멈추셨습니다. 그분은 비유로, 생명의 말씀으로 사람들을 배불리셨지요. 살기 위해서는 빵만으로는 충분치 않다는 것을 잘 알고 계셨으니까요. 마음에 희망을 먹여 주어야 했던 것입니다.

그런데 사흘 후에 사람들은 빵에도 배가 고프기 시작했습니다. 제자들은 그것을 잘 알아차리고 이렇게 말했지요. "선생님, 사람들을 보내실 때가 되었습니다. 마을에 가서 뭘 좀 사 먹으라고요. 그렇지 않으면 배가 고파 죽을 것입니다."

예수님께서는 주위를 둘러보셨습니다. "아니다. 이 사람들을 굶주린 채 보낼 수는 없다. 가다가 쓰러질 수도 있다. 너희들이 내 양 떼의 주린 배를 채워 주도록 해라."

"저희가요?" 그들은 이렇게 말하고는 어안이 벙벙하여 서로 바라보았습니다. 필립보가 금방 계산을 해 내더군요. "이백 데나리온으로도 충분치 않을 거예요. 또 그만한 돈을 누가 가지고 있겠습니까? 게다가 이 황량한 곳 어디에서 빵을 사란 말씀이십니까?"

안드레아가 뭔가 묻는 표정으로 나를 바라보았어요. "저한테 있는 건 이게 전부예요" 하고 나는 그에게 엄마가 준비해 주신 주머니를 보여 주었습니다. 그 안에는 빵 다섯 개와 물고기 두 마리가 남아 있었지요. "어떠냐, 이걸 선생님께 드릴까? 그러면 적어도 그분이라도 드실 수 있을 터이니." 그러고는 나를 그분께 데리고 갔지요.

또다시 그분의 눈길을 만났고, 심장은 또다시 뛰어 댔습니다. 나는 주머니를 그분께 보여 드렸습니다.

"네 음식을 나에게 내주는 것이냐?"

"조금이에요. 작은 선물이에요."

"남에게 내주는 것은 결코 적지 않단다."

"제가 가진 전부예요. 이제 남은 것이 없어요."

"적건 많건 그게 중요한 것이 아니란다. 나에겐 너의 그 모든 것으로 충분해. 전부이기 때문에 모든 사람에게 줄 수 있을 거다. 네가 내놓은 것이 기적을 일으킬 것이다. 난 네 선물이 필요하단다. 난 네가 필요해."

그분은 빵 다섯 개와 물고기 두 마리를 들고 하늘을 향해 눈을 들어 축복의 말씀을 하시고는 빵을 쪼개서 제자들에게 주시고는 사람들에게 나누어 주라고 하셨습니다.
그러고는 물고기 두 마리를 갈라서 모든 사람에게 주셨어
요. 모두가 먹고 배가 불렀으며, 열두 광주리에 가득한 빵
조각과 물고기 토막들을 가져갔지요. 빵을 먹은 사람은
남자만도 오천 명이었어요.

"모세 같다" 하고 나는 외쳤지요. 만나 이야기와 우리
선조들이 광야를 여행하던 것이 기억나서요.

"아니" 하고 안드레아가 받았어요. "알곡으로 당신 백
성을 먹이신, 하늘에서 빵을 내려다가 주신 주님 자신과
같으시지." 바로 그분 자신, 예수님이 하늘에서 내려온 빵
이셨습니다.

나는 빵과 물고기가 가득 찬 주머니를 가지고, 빛과 생
명이 가득 찬 마음으로 집에 돌아갔지요.

이제 제 눈으로 당신을 보나이다

"그분에 대해 말해 주세요."

"거룩하신 이름을 욕되게 했던, 오래전부터 더러운 내 입술로 어떻게 그분에 대해 말한단 말이오?"

"그분이 이미 오래전에 당신 입술을 깨끗하게 해 주셨잖아요. 당신 입에서 찬미가가 흘러나오도록 당신 혀를 풀어 주셨잖아요."

"하지만 그때조차도 말을 입 밖으로 내보내지 못했지요. 그분이 내 팔과 다리를 풀어 주시어 내가 돌아가서 걷고 일하게 하셨고 삶으로 돌아가게 하셨지요. 하지만 나는 한마디도 말을 할 줄 몰랐어요. 내 혀를 풀어 주시지 않으셨죠. 아니 감동의 소용돌이가 내 목을 막았고 나는 한마디 말 없이 떠났던 거지요. 나는 말을 잘하는 사람이 아니에요."

그는 나이가 지긋했지만 그 단단한 지체는 들일의 노고에 길들여진 강하고 튼튼한 남자의 몸이었다. 날이 가면서 그는 쇠약해지기는커녕 오히려 다부져진 것이다. 안식일 모임에서 그의 말 없는 현존은 작은 공동체 안에 견고한 느낌이라고 할 만한 일종의 든든함을 전파했다.

"두려워하지 말아요. 우린 이미 다 알아요. 하지만 한 번 더 그분에 대해 말해 주면 좋겠어요. 우리 기억 속에 영원히 각인된 그 신기한 만남을 우리에게 다시 체험하게 해 주세요. 우리에게 한 번 더 그분의 용서의 말씀을 들려주면 우리가 새롭게 용서받을 거예요."

그분은 인근 지역으로 기쁜 소식을 전하러 갔던 첫 여행에서 이제 막 카파르나움으로 돌아왔습니다. '시몬의 집에 계시다'는 소문이 금방 퍼졌지요. 사람들이 몰려가기 시작했는데, 믿을 수 없는 소식이 이미 퍼져 있었기 때문이지요. "나병환자를 만졌는데도 나병이 그분에게 옮지 않았대! 전염성이 나병에게서 선생님에게로 건너간 것이 아니라 선생님에게서 나병환자에게로 건너갔대. 병이 이긴 것이 아니라 건강이 이겼대."

무모하게도 병자는 숨어서 자신의 수치를 감추기보다 감히 길에서 그분 앞에 나타났지요. 그분 앞에 무릎을 꿇고 애원하며 외쳤습니다. "당신이 원하시면 저를 낫게 하실 수 있습니다!" "내가 원한다. 나아라!"

이야기는 그렇게 입에서 입으로 전해졌습니다. 그저 "내가 원한다. 나아라!" 하고 말했을 뿐이라고요. 단지 이 말뿐이었고 더 이상의 말은 없었습니다. 그러자 즉시 나병은 사라졌고 그 사람은 병이 나은 자신을 발견한 것이지요. 그분이 나병보다 강했던 것입니다.

나와는 관계없는 놀라운 일들이었지요. 사람들이 멀리 예루살렘에서 우리 마을에 왔다는 것도, 그분의 말을 들으러, 그분에게 치유받고자 왔다는 것도요. 멀리서 들려와 약해져서 정신과 마음을 뚫고 들어가지 못하는 소리처럼 그렇게 내 귀에 도달한 소식들이었습니다. 나는 주위 세상에서 떨어져 있는 외톨이였고 세상도 나에게서 멀어져 있었어요. 남은 것은 오직 쓰라리고 쑤시는 짓무름, 모든 것을 향한, 모든 사람을 향한 쓰디쓴 원한, 악의에 찬 들리지 않는 반항뿐이었습니다. 모든 사람을 향한, 하지만 ─ 내 죄를 고백해야겠지요? ─ 그보다 먼저 높으신 분을 향한 원한이었습니다. 모든 시대, 모든 장소의 모든 입에서 찬미받는 이름의 그 높으신 분 말입니다.

"너의 하느님이 어디 있느냐?" 친척들과 이웃들은 나에게 그렇게 말했습니다. 아, 아니죠. 입으로 그렇게 말한 것이 아니죠. 하지만 나는 눈으로 그들의 입술에서 그것을 읽어 냈습니다. 머리를 천천히 흔들며 나에게 속삭이는 것 같았어요. "너를 어떤 꼴로 만드셨는지 보지 못하는 거냐? 아도나이 주님에게서 버림받고 벌을 받고 거부당한 너는 수치다. 네가 믿고 맡기던 너의 하느님이 어디 계시느냐?"

정말, 나의 하느님은 어디 계셨던가? 나는 그분께 부르짖었습니다. 왜 나에게서 눈을 떼지 않으시고 왜 침을 삼키게 내버려 두지도 않으십니까? 오, 인간을 지키시는 분이시여, 제가 당신께 무엇을 했나이까? 왜 저를 과녁으로 삼으셨나이까? 내 죄를, 내 끔찍한 죄를 고백할까요? 나는 나에게 생명을 준 이를 저주했습니다. 별들이 어두워지고 태양이 더 이상 솟아오르지 않기를 바랐습니다. 나에게는 모든 빛이 이미 꺼져 있었습니다.

무화과를 따다가 나뭇가지가 부러져서 바위 위에 거꾸로 떨어질 때 나의 하느님은 어디에 계셨던가요? 회당에서 우리는 그분이 우리가 돌에 부딪치지 않도록 당신 천사들을 보내시어 그들의 손으로 우리를 붙들어 주시리라고 읽지 않았던가요? 나는 의식을 잃었고, 다시 정신을 차렸을 때는 팔도 다리도 없고 나를 나무 몸통에 매달아 놓고 있는 마른 나무토막들뿐이었습니다. 저 높은 곳에서 한 줄기 목숨이 바로 목 아래 부분에서 끊어졌던 것입니다. 나는 마치 자루처럼 비워졌고 빈 부대처럼 흐늘흐늘해졌으며 맥없이 누워 있었습니다.

욥처럼 나는 수차례 "왜?"를 외쳐 댔습니다. 인내심 많은 욥이라고? 아니에요. 반항하고 하느님을 고발한 자, 내가 그랬듯 하느님을 욕되게 하는 자였지요. "왜 저를 이렇게 다루십니까? 제가 당신께 무엇을 잘못했단 말입니까?" 도대체 누가 고통당하는 일에 대해 설명할 수 있을까요? 우리 선생님 그분조차 우리에게 그것을 설명해 주시지 않았습니다. 그분은 많이, 훨씬 더 많이 고통을 당하셨지요. 그 고통을 자신이 짊어지셨고 자신의 것으로 삼으셨지요. 우리처럼 "왜?"를 외치시기까지요. 우리는 더 이상 고통 속에서 혼자가 아닙니다. 하느님은 더 이상 적대자로 반대편에 계신 것이 아닙니다. 그분은 부조리를 우리와 함께 나누시려고 우리 편으로 내려오신 것이지요. 하지만 그때 저는 그분을 적으로 여겨 그분에게서 나를 지켜야 하고 그분과 불공평한 투쟁을 해야 한다고 여겼지요.

"그가 나병환자를 낫게 해 주셨으니 너도 낫게 해 주실 거야." 친구들이 내게 말했습니다. 나는 욥보다 더 운이 좋았지요. 욥의 친구 넷은 믿지 못할 자들이었지만 내 친구 넷으로 말하자면, 사실 나에게 남은 건 그들뿐이었으니까요. 그들은 정말이지 진실한 친구들이었습니다. 그 친구들은 나를 불행 속에 버려두지 않았어요. 난 나자렛의 예언자 따위에게는 관심이 없었습니다. 그에 대해 알고 싶지도 않았어요. 내 안에는 이미 모든 희망이 죽어 버렸던 것입니다. 흐늘흐늘해진 사지와 함께 정신도 흐늘흐늘해졌습니다. "나를 썩어 가게 좀 내버려 둬 줘. 하느님에게서도 잊히고 인간에게서도 잊힌 채로 내 구덩이 속에 날 내버려 두라고." 계속 이 말만 되풀이했지요.

그 녀석들은 정말이지 진정한 친구였고 나에게 그들이 중요한 것보다 더 그들에게는 내가 중요했습니다. 내 위로 이불을 하나 던지더니 내가 누워 있던 들것을 통째로 들어 밖으로 데리고 나가는 것이었어요. 죽은 듯한 내 몸무게만이 그에 저항할 뿐이었지요. 녀석들은 개울물이 지푸라기를 실어 가듯이 나를 데리고 갔는데 그들의 믿음은 너무도 컸습니다. 나는 그런 신앙을 알지도 못했을 만큼요.

요안나의 얼굴에 미소가 번지기 시작했다. 이제 바야흐로 이야기가 흥미진진해지기 시작한 것이다. 그녀는 일어서서 집 마당을 덮고 있는 돗자리들을 가리켰다.

"기억나세요? 당신 친구들이 당신을 방 안으로 내려보낸 것이 바로 이 자리였다고요. 다른 선택이 없었죠. 집 안에는 사람들이 하도 많이 모여 있어서 문 앞에까지 입추의 여지가 없었거든요. 그 친구들이 지붕을 뜯고 있는 소리를 들었을 때 전 불안했어요. 소리 지르고 싶었지요. 집을 허물기라도 하는 것처럼 보였거든요. 하지만 그 사람들은 민첩했고 단호했으며 눈 깜짝할 사이에 들것에 누운 당신을 바로 그분이 계시던 바로 그 지점으로 내려보내더라니까요. 그 야단법석, 그 놀람을 기억해요?"

오로지 그분의 눈길만 기억나네요.

난 군중을 보지 못했고 율법학자들도, 그 누구도 보지 못했어요.

오로지 그분만 보았지요.

그분을 만나고 싶지는 않았어요. 난 그분 앞에 나타나 엎드리던 나병환자만큼 대담하지 못했다고요. 하지만 그 순간 난 거기 있었어요. 친구들의 강력한 믿음이 날 그곳으로 데려간 거죠. 그분의 눈길에 돌처럼 굳고 얼음처럼 차가운 마음이 마술처럼 녹았습니다. 무슨 일이 일어나고 있었던가? 분노는 어디로 흩어지고 있었던가? 부글거리던 반란에 어떤 출구가 열렸던가? 그 치명적인 낙상 후 정신을 차렸던 때처럼 나는 완전히 텅 빈 상태였습니다. 더 이상 아무 물음도, "도대체 왜?"도 없었습니다. 침묵의 땅에 다다른 것입니다.

그때였습니다. 언젠가 다윗이 했던 말이 내 안에서 피어나는 것이 들렸습니다. 그 말이 이제는 내가 만든 내 말이 된 것입니다. "당신 자애에 따라 저를 불쌍히 여기소서. 당신의 크신 자비에 따라 저의 죄악을 지워 주소서. 저의 죄에서 저를 말끔히 씻으시고 저의 잘못에서 저를 깨끗이 하소서. 저의 죄악을 제가 알고 있으며 저의 잘못이 늘 제 앞에 있습니다. 당신께, 오로지 당신께 잘못을 저지르고 당신 눈에 악한 짓을 제가 하였나이다. … 당신께서 부수셨던 뼈들이 기뻐 뛰리이다"(시편 51,3-10 참조).

그건 기도가 아니었습니다. 그날 이후로 나는 기도하지 않았습니다. 그것은 마음의 고요하고 진실한 움직임이었지요. 그래요, 기도였지요. 마음이 흐르는 대로 그렇게 기도할 수 있다는 것을 나는 알지 못했습니다.

"아들아", 그분은 내게 말했습니다. "너의 죄는 용서받았다." 그분은 내 친구들의 믿음을 보셨을까요? 아니면 내 마음의 기도를 보셨을까요? 이것은 나중에 나 자신에게 했던 질문이었습니다. 그때는 나 자신에게 아무 질문도 하지 않았습니다. 오로지 나를 온통 파고들어 내 안에 깨끗한 마음을 지어내고 내 안에 굳건한 정신을 새롭게 하며 나를 건강하게 한 그 말씀만 받아들였습니다. 오랫동안 나를 괴롭혔던 질문, "너의 하느님은 어디 있느냐?" 하는 질문이 내 귀에 되울려 왔고 그 질문에 대한 분명한 응답을 나는 들었습니다. "바로 여기, 네 앞에 계신다." 저주가 축복으로 바뀌었지요.

거기 앉아 있던 율법학자들에게는 그렇지 못했으니, 그들은 그 장면을 보고 하느님께 대한 모독을 듣지 않으려고 귀를 막는 것이었습니다. 그들의 귀에는 그 말, "너의 죄는 용서받았다"라는 말이 하느님께 대한 모독 아니고 무엇이었을까요? "오로지 하느님 한 분 말고 누가 죄를 용서할 수 있단 말인가?" 그들은 내가 지금 알고 있듯이 알지를 못했던 것이지요, 자기들 앞에 죄를 용서할 수 있고 마음을 읽으시는 단 한 분이신 하느님이 계시다는 사실을 말입니다.

"여러분은 왜 마음속으로 그런 생각들을 합니까?" 그분이 그들에게 말씀하셨습니다. "'너는 죄를 용서받았다' 하고 말하는 것이 더 쉽습니까, 아니면 '일어나 네 들것을 가지고 걸어가라' 하고 말하는 것이 더 쉽습니까?"

그러고는 저에게 말씀하셨습니다. "너에게 명하노니 일어나 네 들것을 들고 집으로 가거라."

그렇게 나를 보내셨어요. 나는 아무렇지도 않게 전혀 놀라지도 않고 매우 정상적인 행동인 것처럼 일어났습니다. 이미 여러 해 동안 해 본 적이 없는 동작인데도 말입니다. 나는 유연하게 일어섰습니다. 그분이 나에게 일어나라고 말씀하시기 전부터 이미 다 나았거든요. 용서하시는 행위에서 이미 저를 치유하셨던 겁니다. 그대로 들것에 누워 있었던 것은 용서로써 그분이 전해 주신 평화의 은

총에 취해서 황홀경에 빠져 있었기 때문이지요.

나는 여러 해 동안 몸보다 마음이 더 말라 버린 채 꼼짝 못하고 누워 있던 들것에 들려, 믿지 못하고 말없이 굳어진 율법박사들 가운데를 지나 그리고 방금 본 일을 두고 하느님을 찬미하며 경탄하는 군중 사이를 지나갔습니다.

집으로 가는 길에 나는 욥의 말을 되풀이했습니다. "전에는 다른 사람들이 하는 말을 듣고 당신을 알았으나 이제는 제 눈으로 당신을 보나이다."

사랑은 용서이고 그분은 사랑이십니다.

용서는 되찾은 평화이고 새로운 삶의 기쁨이며 그분은 평화요 기쁨이며 생명이십니다.

나는 용서받은 사람, 기적을 입은 사람입니다.

되찾은 건강만이 기적인 것이 아니지요. 기적은 바로 건강입니다. 빵을 많게 한 일만이 기적인 것은 아니지요. 기적은 날마다 주어지는 빵입니다. 항상 정확히 떠오르는 태양이 기적이고 석양의 그 색깔들이 기적입니다. 풀포기 사이에 피어난 꽃이 기적이고 싹트는 곡식알, 떨어지는 잎사귀가 기적입니다. 기적은 내 곁의 친구요 어머니의 애정이며, 태어나고 살고 죽는 것입니다. 특별한 것만이

기적이 아닙니다. 기적은 평범한 것입니다. 부활하신 분
의 발현만이 기적이 아닙니다. 지금 여기 카파르나움 케
파의 집에서처럼 그분이 숨으시는 것이 기적입니다. 그분
은 계시면서 보이지 않으십니다! 그분은 계셔요. "이제 제
눈으로 당신을 보나이다."

저는 자격이 없습니다

"그분에 대해 말해 주세요."

"나는 그분과 말해 본 적이 한 번도 없어요."

"하지만 그분을 만났잖아요. 그분에 대해 말해 주세요."

"그저 멀리서 그분을 보았을 뿐인 걸요. 나는 그분과 말해 본 적이 한 번도 없다니까요."

"하지만 적어도 그분을 보았잖아요."

노인의 입술 위로 어린아이 같은 미소가 번지고 눈은 먼 곳을 보는 듯 가늘어졌다. 여름의 끄트머리, 고요한 아침의 드맑은 하늘 아래 선명하게 잘라 낸 짙은 쪽빛 리본처럼 수평선 저 아래로 바다가 펼쳐져 있었다. 정오에는 키르케 곶과 멀리 있는 섬들을 볼 수도 있었다. 하지만 노인의 눈은 그보다 더 먼 곳을 향했고 또 다른 수평선을 향해 시선을 집중하고 있었다. 바닷물이 아닌 다른 물, 곧 티베리아스 호수의 고요하게 흐르는 물이 노인 앞에 펼쳐졌다.

내 주인이 노예 시장에서 나를 샀을 때 나는 소년이었지요. 그는 우연히 그곳을 지나가고 있었어요. 전에는 노예를 소유한 적이 없었던 사람이었어요. 그는 나를 심드렁하게 그러나 약간 연민이 묻어나는 표정으로 바라보더군요. 그런데 나를 지나치고 나서는 어떤 생각이 떠올랐는지 번개를 맞은 것처럼 갑자기 멈추어 섰어요. 실은 생각이 아니었지요. 얼굴이었어요. 그는 다시 돌아오더니 가격을 흥정하고는 나더러 자기를 따라오라고 말했어요. 나는 그의 아들이 되었지요. 그렇다고 죽은 지 얼마 되지 않은 그의 아들을 대신할 수는 결코 없었겠지만 말이에요. 내가 그 아들을 몹시 닮았던 모양이에요.

그는 처음부터 나를 사랑했어요. 난 시간이 가면서 천천히 그를 사랑하게 되었고요. 처음에는 순하게 그를 섬겼고 다음에는 그를 사랑하게 되었어요. 그는 아들이 없었고 나는 아버지도 어머니도 다른 가족도 없었지요. 그는 나에게 아버지가 되어 주고 가족이 되어 주었어요. 그의 아들로서 나는 저 먼 시리아 지방까지 따라갔답니다.

거의 제국의 경계에 자리한 그 이상하고 정복할 수 없는 유다 민족 안에서 퇴임한다는 것은 많은 사람에게 하나의 벌로 보였지요. 그런데 내 백인대장 루치오는 그것을 하늘의 선물로 여긴 거예요. 로마에서는 자기처럼 초조하게 진리를 추구하는 동료 군인들과 함께 유일신을, 오직 하나의 하느님을 고백하는 그 독창적이고 기이한 종교를 알고 있었어요. 로마인들에게는 수많은 신이 있었고, 거기다 또 우리가 동방에서 다른 신들을 가져가기도 했었지요. 그런데 그들은 아니었어요. 오직 하나의 신이라는 거예요! 그는 그분에게 정복당했지요. 정복자들의 군대에 속한 사람이 말이죠.

우리는 갈릴래아의 비옥한 땅 카파르나움에서, 지금 여기 알바 롱가 호수에서 우리를 둘러싸고 있는 언덕들처럼 푸른 언덕들 사이에 근거지를 마련했지요. 카파르나움은 그들의 눈에는 소도시였고 우리 눈에는 하나의 마을이었어요. 실제로 "나훔의 마을"이라 불렸잖아요. 시장도 있고 세금 수납소도 있고 로마군의 주둔지이기도 했지만 카파르나움은 하나의 마을이었어요. 그 중요성은 무엇보다 "바다 길" 위에 자리한 그 전략적 위치로 인한 것이었지요.

로마에서 이미 했던 것처럼 루치오는 그리스어로 번역된 유다인들의 성경을 읽어 달라고 했고 그에 대한 설명을 들었지요. 또 항상 그 주변에 머물긴 했지만, 회당을 짓는 데도 대단히 관대하게 도움을 주었어요. 유다인들의 눈에는 "하느님을 경외하는 사람"이긴 했지만 어쨌건 그는 이교도인이었지요, 뭐.

"당신이 그분을 만난 것이 거기였나요?"
"거기였지요."
"그렇다면 그분에 대해 이야기해 주세요."
알바 롱가의 그리스도인들은 루치오의 무덤 곁에 모여 있었다. 동방에서의 복무가 끝나자 백인대장은 퇴역 군인으로서 로마를 향한 언덕들 위에 있는 한 포도원을 연금으로 받았고 그곳을 떠나 예수와의 결정적 만남을 위해 카파르나움으로 출발했다. 주님의 날, 해가 떠오를 때 알바 롱가의 그리스도인들은 그리스도께 찬미가를 부르기 위해 그의 무덤에서 서로 만나곤 했다.

그분이 시몬의 집을 거처로 삼았을 때 카파르나움의 그 나른하고 단조로운 삶은 깨어났지요. 사람들이 사방에서, 유다에서도 왔다 가곤 했어요. 안식일에 회당은 그야말로 전에 없이 생기를 띠더군요. 놀라운 일들에 대한 이야기가 입에서 입으로 전해졌지요. 이를테면 그분이 갈릴래아의 카나에서 물을 포도주로 바꾸었다든가 '일곱 우물'이라는 곳에서 빵을 많게 함으로써 군중을 배불리셨다든가 하는 이야기들이었지요. 앞 못 보는 이가 보고, 듣지 못하는 이가 듣고, 절름발이가 걸으며, 희망의 말들이 사람들의 영혼을 비추고 마음을 불타게 했어요.

한 번도 그분의 말씀을 들으러 간 적이 없었고 한 번도 그분이 놀라운 일을 행하시는 것을 본 적이 없었던 나는 그분의 제자들에게 깊은 인상을 받았어요. 그들은 서로 그토록 다르면서도 강하게 연결되어 있었어요. 그 혁명적 사상 때문에 로마 주둔군에게서 특별히 감시를 받던 열혈당원 시몬과 세리 레위처럼 우리가 알고 있던 사람들도 있었지요. 또 다른 사람들도 나는 알고 있었는데 카나 출신 나타나엘 바르 톨마이 — 율법에 충실한 "참된 이스라엘 사람"이라고 사람들은 말했지요 —, "천둥의 아들들"이라는 불같은 성격의 두 형제 야고보와 요한 등이었어요.

레위가 그를 공적 죄인인 '세리'로만 바라보던 나타나엘에게 혐오의 대상이라는 것은 널리 알려진 사실이었지요. 그를 적에게 팔려 간 변절자로 여기던 열혈당원 시몬에게도 레위는 혐오의 대상이었어요. 시몬 베드로에게도 호의를 얻지 못했는데 세금으로 인해 그의 작은 어업漁業이 타격을 입었기 때문이었어요. 천둥의 아들들도 다른 이들에게 곱게 보이지 못했는데 야심이 많고 권력을 탐했기 때문이었어요.

그토록 출신도 다르고 사상도 다른 사람들이 어떻게 함께 있을 수 있었을까요?

그들을 일치시키는 것은 그분이었어요.

그분이 확신에 차고 결연한 모습으로 지나가는 것을 보곤 했지요. 나는 외국인이고 속량된 노예인 주제라 감히 그분을 멈춰 서게 하고 말을 걸지 못했어요. 그분이 지나가는 것을 보는 것으로 충분했지요. 평화와 은총이 주변으로 퍼져 나갔어요. 그분이 지나간 후에는 늘 공기 중에 어떤 향기가 남았고 영혼에는 충족함이 남는 거예요.

그들은 항상 그분을 따르더군요. 어떤 신비스러운 힘에 끌리듯이 말이에요. 바로 그 힘이 그분과 그들을 결속시키면서 그들끼리도 서로 결속시켜 주고 있었지요.

그들이 부럽더군요. 나도 그들 무리에 속하고 싶었어요. 나는 그들의 언어를 잘 알아듣지는 못했어요. 나는 속으로 말했지요. 그분의 입에서 나오는 어떤 불같은 말씀이 서로 그토록 다른 이 사람들을 하나의 불꽃으로 태울 수 있음을 누가 알랴!

나는 하루가 끝날 무렵 그분과 함께 머물고 싶었고 다른 사람들 곁에서 그분 가까이의 친밀함 속에 살고 싶었어요. 이른 아침 그분을 따라 배에 오르고 싶었고 그분과 그들과 함께 도시며 마을을 다니고 싶었어요. 그러고 싶었어요. 그러고 싶었다고요 …. 하지만 나는 외국인이었고 군인들과 야영을 하면서 여러 날을 계속 지냈지요. 그 군인들이 바로 점령군, 적군이었으니 ….

예루살렘에서도 그분을 한 번 볼 기회가 있었는데, 유다인들의 파스카 축제 기간 중 우리는 그 도시의 부대를 원조하기 위해 올라갔더랬지요. 바로 거기에서 내 백인대장의 다른 동료들을 알게 되었어요. 십자가 위의 예수님을 창으로 찔러 그분에게는 결정적인 마지막 순간을 봉인하고 백인대장에게는 새로운 삶의 시작을 봉인하게 될 롱기누스가 있었고, 야포에서는 베드로를 만났으며, 그와 함께 그리스도께 대한 신앙을 만났던 코르넬리우스 등도 있었지요.

　‘이방인의 뜰’과 참되고 고유한 성전을 갈라놓고 있는 벽을 우리가 넘어갈 수는 없었어요. 성전에는 히브리인들만 접근할 수 있었거든요. 그날, 나는 우리가 다가갈 수 없었던 그곳에서 변모된 사람들과 분노한 사람들이 나오는 것을 보았지요. 그때도 그분은 반대하는 이들의 표적이었던 거예요. 나는 그분의 제자들처럼 그분 가까이 있고 싶었어요. 그분과 함께 있고 싶었어요. 예루살렘에서 열두 제자들은 그분을 중심으로 더욱 단단히 결속되어 있었지요. 군인들이 자기네 백인대장을 중심으로 결속할 수 있는 것보다 더 깊이 결속되어 있었더랬지요. ‘그 사람의 신비는 어떤 것일까, 그의 비밀은 어떤 것일까’ 난 혼자 묻곤 했지요. 항상 멀리서 그분을 보았음에도, 또한 그분이 말씀하시는 것을 듣지 못했음에도 나 역시 그분에게 코가 꿰어 굴복한 것이지요. 그분에게서는 사람을 끌어당기는 신비한 힘이 뿜어져 나오고 있었어요.

　그는 아직도 앞에 계시는 그분을 보고 있는 것 같았다. 예루살렘 거리, 카파르나움 거리에 있는 그분을. 눈은 항상 가늘게 뜬 채로 그 얼굴, 그 빛을 정말로 보고 있었고, 그 매력을, 제자들을 당신에게 결속시켰고 지금은 그 자신도 당신에게 결속시키는 그 끌어들이는 힘을 알아차리고 있었다.

마비는 배신자처럼 갑자기 나에게 덤벼들었지요. 바윗덩이가 내 몸을 덮친 것 같았어요. 나는 납작하게 짓눌리고 말았던 거예요. 경련과 심한 통증으로 오그라든 몸으로 움직이지도 못하고 누워 있었지요. 온몸에 퍼진 그 병은 어디에서 왔던가, 그 사악하고 말도 안 되는 것이 어디에서 스며들어 왔던가? "불가사의이며, 마법이야 …." 나는 내 주변에서 중얼거리는 소리를, 점점 더 멀어지는 그 소리를 간신히 알아들었어요. "넌 이렇게 갈 수는 없어. 꽃다운 나이에 …." 그렇다면 나는 죽어 가고 있었던가? 왜 이다지도 급하게 예고도 없이? 그런 다음에 나는 의식을 잃었고 혼수상태에 빠져 며칠을 지냈지요.

그가 내 곁에서 굳건히 아무 감각도 느끼지 못하는 듯 여러 시간, 여러 날을 선 채로 있었다는 것을 난 알아요. 낮고 무거운 목소리로 되풀이하더군요. "첫째는 떠났습니다. 둘째마저 데려가지 마소서."

저녁이면 그날 있었던 이야기를 나누었어요. 그 마을

에는 결코 새로운 일이랄 것은 없었지요.

"뭐 새로운 일 있나?"

"없습니다."

"모두 별일 없고?"

"별일 없습니다. 다시 군중이 모여들긴 했지만요. 예언자가 자기네 사람들과 함께 돌아왔거든요."

"예언자?" 루치오가 동요했어요. "예언자! 투구, 단검, 외투를 줘!" 그가 명령했지요.

"예언자." 계속 그렇게 중얼거리면서 그는 확고하고 단호한 걸음걸이로 한 소대의 호위를 받으면서 시몬의 집으로 향했어요. "예언자 …, 모든 일을 해냈지. 귀머거리들을 듣게 했고 벙어리들을 말하게 했지. 절름발이들을 똑바로 걷게 했고 병자들을 낫게 했다고. 내 아들을 살리지 못할 이유가 없지."

시몬의 집에 거의 도착했을 때 의심이 들기 시작했어요. "예언자 …, 이스라엘을 위한 예언자! 그는 이스라엘의 자손을 위해서 왔다고, 우리 같은 외국인 개들을 위해서 온 것이 아니라고 말했지."

그런데 이미 그분이 그의 앞에 있었어요. 예언자가 집

어귀로 나왔던 거예요. 마치 그를 기다리기라도 한 것처럼. 그들, 군인과 예언자는 처음으로 마주 보았지요. "개" 군인은 여전히 속으로 말했어요. "나는 이분에겐 한 마리 개일 뿐이야." 예언자는 결연한 모습으로 군인 앞에 서 있었지요. 가난한 자들이 로마 군인을 볼 때 엄습하는 두려움도 없이, 아첨꾼들이 그들을 볼 때 드러내는 존경도 없이 말이에요. 자기 자신으로, 내가 거리를 지나가시는 그분을 봤을 때처럼 그 평온하고 자유로운 모습으로 서 계셨어요. 번개처럼 군인은 눈앞에 엘리사를 보았지요. 외국의 개, 시리아 사람 나아만을 낫게 했던 이스라엘의 예언자 엘리사를. 자기 앞에 있는 예언자는 엘리사보다 못하지 않았어요.

"제 아들이 마비되어 집에 누워 있는데 끔찍하게 고통받고 있습니다." 다른 말은 덧붙이지 않았어요. 그는 해설 없이, 감정을 노출하지 않고 핵심 사항만 보고하는 데 습관이 되어 있었던 거지요. 그는 천생 군인이었고 로마인이었어요. 하지만 가볍게 떨리는 입술이 그의 내면을 내비치고 있었지요.

"내가 당신 집으로 가겠소." 예언자도 그에게 본질적인 것만 말했어요.

"아닙니다." 그러고는 그분을 가로막기라도 하듯 격하게 팔을 앞으로 뻗었어요. "아닙니다. 저의 집에는 안 됩니다." 이교도의 집에 들어감으로써 그분이 더러워지리라는 것을 알고 있었던 거예요. 그는 예언자를 더럽히고 싶지 않았지요. "아닙니다." 팔을 내리며 한층 차분하게 그가 되풀이했어요. "저는 선생님을 저의 집에 모실 만한 자격이 없습니다. 그러실 필요가 없습니다. 한 말씀만 하시면 충분합니다." 그도 신호 하나로, 말 한마디로 진영과 병사들을 움직였거든요.

예언자의 얼굴에 미소가 번졌어요. 알아들었다는 신호처럼 말이에요.

예언자는 주위의 제자들과 자기를 따르던 사람들을 둘러보더니 이렇게 말했어요. "이 사람이 바로 믿음을 가진 사람입니다. 이스라엘의 수많은 사람보다 더 믿음이 있습니다. 이 사람이 첫째입니다. 동쪽에서, 서쪽에서, 북쪽과 남쪽에서 사람들이 모여 와 하느님 나라의 잔칫상에 함께 자리할 것입니다. 보시오. 꼴찌였다가 첫째가 되는 사람들이 있을 것이고 첫째였다가 꼴찌가 되는 사람들이 있을

것입니다." 그러고는 인간 대 인간으로 다시 군인을 바라
보았어요. "가시오, 당신 아들은 살아납니다."

　나는 다시 살아났고 이방인들 중의 첫째인 내 아버지
와 함께 참된 생명을 찾았지요.

인간의 어떤 아들네보다 아름다우신

"그분에 대해 말해 주세요."

"그분에 대해 어떻게 말할까요? 말로 할 수 없는 것을 말하기 위한 단어들을 찾아낼 수 있을까요? 사랑을 어떻게 말할까요?"

"이미 여러 차례 그분에 대해 말해 주었잖아요. 오늘 저녁에도 그분에 대해 말해 주세요."

"여기선 모든 것이 그분에 대해 말하고 있지요. 이 잔잔한 호수, 이 부드러운 언덕들, 이 따뜻한 집 …. 걸음걸음마다 추억이요, 돌멩이 하나마다에서 그분의 말씀 한마디를, 햇살 한 줄기마다에서 그분의 눈길을 다시 보거든요. 호수의 물결이, 하늘로 오르는 구름이 결코 똑같지 않듯이 한 번도 똑같은 눈길이 아니죠."

"그분에 대해 또 말해 주세요. 한 번 더 이야기해 주세요. 당신의 기억은 우리에겐 호수의 물결처럼, 하늘의 구름처럼 새로울 거예요."

그녀는 베드로의 집에 모인 신자들의 작은 공동체를 시선으로 모아들였다. 그녀는 그곳으로 돌아가기를 좋아했다. 선생님이 거기 사실 때처럼 그곳이 자기 집처럼 느껴졌다. 그녀는 종종 요안나를 찾아와서 그분이 자기들 앞에 열어 주신 새로운 길을 걸으며 얻은 열매들을 서로 나누기 위해 며칠씩 함께 지내곤 했다. 안식일 저녁, 해가 진 후 새로운 주님의 날이 시작될 때면 부활의 기념을 함께 지내기 위해 다른 신자들이 모여들었다.

그분의 말씀 한마디 한마디가 나에겐 그분의 입맞춤과도 같았어요. 나는 그분의 모든 말씀을 열망했으며 입에서 입으로 생명이 흘렀습니다. 그 말씀은 내 입에 달콤했고, 삼나무 향처럼 싱그러웠습니다. 하지만 그 말씀이 가슴으로 내려갈 때는 불타는 것 같았고 익모초처럼 쓴맛에 힘들었습니다. 그분의 진리가 내 이중성을 밝혀냈고 굳어진 마음을 부수었던 것입니다. 그때까지 나는 공기도 빛도 없는 좁은 방에 살고 있었지요. 거기에 익숙해 있었고 그 폐쇄된 공간이 나에게는 세상인 것 같았습니다. 사실 그것이 나의 세계였지요. 그분이 나에게 끝없이 광활한 지평을 열어 주셨고 내 사고력을 현기증이 날 정도로까지

넓혀 주셨으며, 내 정신의 벽을 부수셨습니다. 그리고 시원하고 맑은 한 줄기 바람과 빛나는 태양의 눈부신 햇살이 그 안으로 파고들었어요.

"가난한 사람은 복되다." 그분의 말씀은 그렇게 터져 나왔습니다. 나는 부유했지만 행복하지 않았지요. 내 안에서 어떤 행복도 느끼지 못했어요. "가난한 사람은 복되다." 내 앞에 하늘 나라가 열렸고 충만한 기쁨이, 고통받는 사람과 박해받는 사람을 가득 채우던 바로 그 희열이, 마음이 깨끗한 사람과 온유한 사람의 평화가, 화해를 위해 투쟁하는 사람의 만족이 열렸습니다.

토라를 없애려는 것처럼 보이는 대담한 산상 설교의 시작이었지요. 주님께서 옛날 사람들에게 말씀하신 대로 살인하지 말라는 것뿐 아니라 형제에게 성을 내지도 말라고 권하는 것이었고, 거짓 맹세를 하지 말라는 것만이 아니라 아예 맹세라는 것을 하지 말라고 하며, 간음하지 말라는 것만이 아니라 여자를 탐하고자 바라보지도 말라는 것이었으니까요. 바로 아도나이, 곧 주님 자신의 권위로 말씀하셨어요. 아니에요, 그분은 예언자가 아니었어요. 예언자 요나의 말은 아주 날카로워서 그의 말을 듣고 니

네베 사람들은 회개했지요. 그러나 여기 내 앞에는 예언
자보다 더한 분이 나타나셨던 거예요. 시바의 여왕은 솔
로몬의 지혜를 듣고자 남쪽에서 왔지만 여기에는 솔로몬
보다 더한 분이 계셨던 거지요.

그분은 토라를 없애려고 오신 것이 아니라 토라를 그
존재의 핵심으로, 곧 하느님께서 그것을 모세와 우리 선
조들에게 수여하실 때 진실로 원하셨던 것으로 되돌리기
위해서 오셨다는 것을 난 이해했어요. 그분은 하느님께서
말씀하시고자 하셨던 것을 그 깊은 의미에서 알고 계셨던
것이지요. 율법의 충만한 완성은 사랑이고 그분은 율법
전체를 사랑 안에, 곧 율법을 통째로 품어 안는 유일한 계
명에 집중시키셨어요. 이것이 토라 전체인 거죠. 나머지
는 해설이고요.

그분 안에서 말하는 이는 지혜였어요. 지혜가 바로 그
분이셨던 거죠. 나는 그 지혜에 현혹되었지요. 내 마음속
에는 코라의 자손들이 했던 말들이 선명하고 낭랑하게 기
쁨의 폭발로 터져 나왔습니다. "당신께서는 어떤 사람보
다 수려하시며 당신의 입술은 우아함을 머금었나이다."
내 입에서는 그 말이 피어나지 않았지만 그분의 귀에는

똑같이 도달했나 봅니다. 누가 부른 것처럼 나를 향해 돌아서더니 그 아름다운 눈으로 나를 바라보시는 것이었어요. 불화살의 시선이 내 심장을 직통으로 꿰뚫었습니다.

"주님, 저에게 주님의 길을 가르쳐 주십시오." 나는 그분께 말했습니다. "주님의 진리 안에서 걷겠습니다." 목소리가 이 말들을 그분께 전하는 동안 마음은 아가雅歌의 신부新婦처럼 숨어서 이렇게 탄식하고 있었지요. "저를 당신께로 끌어당겨 주세요. 뛰어가리이다."

"계속해서 그분에 대해 말해 주세요." 그녀가 아직도 그분께 이끌려 새로운 삶을 향해 그분과 함께 달려가는 느낌이기라도 한 듯 입을 다물자 그들은 다시 그녀를 졸랐다.

요한의 제자인 한 예언자가 나타났다는 말을 우린 들었어요. 그녀는 다시 말을 시작했다. 당시에 세례자는 붙잡혀서 그의 목소리는 침묵 속으로 사라졌고 다른 목소리가 우리 동네에 울려 퍼지기 시작했지요. 이제 우리는 목소리를 듣기 위해 사막으로 나가지 않아도 되었어요. 주님의 목소리는 우리 도시에, 우리 집에 우리에게 들려왔으니까요. 선생님이 카파르나움에 자리를 잡으셨다는 것을 알고 우리는 그분을 만나려고 티베리아스에서 출발했습니다. 여기 카파르나움의 샘에서 얼마 떨어지지 않은 호숫가로 난 길에서 우리는 그분을 만났습니다. 우리처럼 호수 주변의 마을들에서, 그리고 갈릴래아 전역에서 온 사람들이 많이 모여 있었어요. 나는 수산나와 헤로데의 집사 쿠자스의 아내 요안나, 야고보와 요세의 어머니 마리아, 그리고 나처럼 약속된 메시아의 도착을 기다리던 다른 여자들과 함께였습니다.

나는 그들 모두보다 더 메시아를 기다렸어요. 예언자들의 가르침이 메시아를 기다리게 했지요. 메시아와 함께 정의가 나타나고 바다에서 바다에 이르기까지 평화가 다스리게 될 것이며, 그로써 사람들의 마음이 채워질 것이라고요. 나는 하루의 흐름을 마비시키는 미묘한 불안에서, 내 모든 저녁을 잿빛으로 물들이던 슬픈 우울에서 풀려나고자 그분을 기다렸지요. 부유했고 남편은 명망이 있었고 호화로운 집의 안주인이었지요. 자녀들은 보석처럼 빛났고, 성실한 하인들이 있었는데도 내 모든 기쁨의 샘을 오염시키고 슬프게 하는 것은 도대체 무엇이던가요?

"가난한 사람은 복되다." 그 행복은, 우리에게 늘 가르치신 것처럼, 단순한 사람들, 겸손한 사람들, 마음이 깨끗한 사람들, 아나윔anawim들만을 위한 것이었을까요? 새 라삐는 자기 집을 채우고 있는 부유함을 비워 진짜로 가난하게 된 사람에게 행복을 약속하셨던 걸까요? 나는 나중에야 알았지요. 많은 재산의 보호를 받는 거짓된 부자들을 향해 선포한 불행을 이해했을 때, 그분이 하느님과 맘몬을 대립시키시고, 하늘 나라에 들어가는 것을 오직 무無만이 통과하는 바늘구멍이라는 최소의 차원으로 축소시키시는 말씀을 들었을 때에야 비로소 가난한 사람의 행복을 알았던 것입니다.

그때, 산상 설교의 마지막에 나는 내가 그분을 따라야 한다는 것만 알아들었어요. 그것은 번쩍이는 광채의 빛보라였고 직감이었으며 확신이었어요. 그분 안에서 행복의 샘을 찾으리라는 것을 저는 알고 있었지요.

수산나, 요안나, 마리아, 우리 넷은 희망으로 빛나는 눈으로 서로 바라보았습니다. "그분과 함께 갑시다." 우리는 갔습니다. 얼마 안 되어, 마리아 막달레나도 그 혹독한 불치병이 나은 후에 합류했는데, 사랑에서는 우리 모두를 능가했지요. "라뿌니!", 즉 "나의 스승님!" 하고 그분께 말했지요. 그분은 "마리아", 그냥 단순히 마리아라고만 그녀에게 말했고요.

우리는 갈릴래아의 길들을 이리저리 다니시는 그분을 하루하루 따랐습니다. 모두를 모아들이기 위한 거대한 그물을 그분과 함께 짠 셈이죠. 다른 여자들이 더 합류했습니다. 우리의 모든 자산을 그분과 제자들을 위해 내놓고 우리는 그분을 따랐습니다. 그분과 그분의 사명에 봉사한 것입니다. 우리는 남자들인 그분의 제자들보다 더 충실했지요. 연약하고 하잘것없는 여자들이지만 우리는 힘센 남자들이 감히 도달하지 못하는 곳까지 이르렀습니다. 그들은 모두 극한의 시련이 닥친 순간에 선생님을 버리고 떠났지요. 사랑의 힘으로 버티며 우리만 끝까지 그분과 함께 남아 있었다고요. 그리고 우리는 그분의 첫 증인들이었습니다.

나는 그분에게뿐 아니라 모든 것을 예루살렘 신자들에게 기부하고 섬기기를 계속했습니다. 나는 종이 된 것이 아니라 여왕이 되었습니다. 그리고 저는 지금 가난한 자로 여기 여러분과 함께 있어요. 나는 부유한 자로 그분을 만났고 그분을 따랐는데, 그분은 나를 빈손으로 돌려보내셨어요. 하지만 영혼은 그분의 참행복으로 넘쳐 어느 때보다도 충만했지요. 이제 나는 받기보다 주는 데 기쁨이 있다는 것을 압니다.

그리고 그녀는 자신을 내주는 듯이 팔을 벌리고 있었다. 얇은 입술은 변모된 미소를 띠고 있었고, 잿빛 눈에서는 기쁨이 빛나고 있었다. 자신을 옷처럼 두르고 있는 기쁨과 얼굴에서 드러나는 평화를 퍼뜨리는 것 말고는 더 이상 줄 것이 없었다.

"그분에 대해 더 말해 주세요."

"저녁이 늦었어요. 그분께서 기도하시러 홀로 물러가시던 때처럼요."

"우리도 기도하려고 여기 있는 것 아닌가요? 우리 사이에 기도는 바로 그분이 아닌가요?"

우리는 그분의 향기에 이끌려, 한 번도 맡아 본 적이 없는 그 향기에 이끌려 그분을 따랐습니다. 그분이 우리를 이끄시자 우리는 본능처럼 그분을 따랐어요. 다른 라삐들이 여자 제자를 두지 않았다는 것, 여자들은 성조들의 성경을 공부하는 것이 의무가 아니었다는 것, 여자들에게는 공적인 자리에서 발언하거나 성경 구절을 해설하는 것이 허용되지 않았다는 것을 우리는 생각하지 않았습니다. 그분이 라삐라는 생각조차 하지 않았으며, 성경을 우리에게 설명하리라는 생각도 하지 않았어요. 그냥 그분이었습니다. 그분은 그분이었고 그것으로 충분했지요. 그분이었기 때문에 우리는 그분을 따랐던 거지요. 나중에야 우리는 그분을 따른다는 것의 새로움을 이해했어요.

다른 라삐들은 성경을 설명했지요. 그분은 성경을 만들었습니다.

다른 라삐들은 선택되었지요. 능력과 훌륭함 때문에요. 그분은 반대로 당신 자신이 제자들을 선택했습니다. 누군가 그분에게 당신에게서 배우게 해 달라고 청하면 그분은 그 길의 어려움을 보여 주면서 용기를 꺾었습니다. 우리 여자들에게만 그분이 우리를 부르지 않았어도 그분의 뒤를 따르는 것이 허용되었지요. 아니 어쩌면 그분의 부르심은 우리에게는 훨씬 더 섬세하면서도 훨씬 더 강력한 것이었는지도 모르지요. 그분은 우리에게 "나를 따르라" 하고 말씀하실 필요가 없었습니다. 우리에겐 그분의 향기로 충분했거든요. 그분 목소리의 인장인 그 향기 말이에요.

다른 라삐들은 일단 자기 지식을 전수하고 제자들을 떠나보냈지요. 그러면 그들이 이제 라삐가 되었지요. 그분은 우리를 결코 떠나보내지 않았습니다. 그분의 학교에서는 항상 제자로 남는 거예요. 또 오직 한 분만이 유일한 스승으로 남을 것입니다.

다른 라삐들은 여자들을 제자로 두지 않았습니다. 그분은 우리와 말씀을 나누셨고 우린 그분의 입에서 나오는 모든 말씀에 빠져들었습니다. 그분이 우리 중 한 사람과 말씀하시는 것을 보고 심지어는 그분의 제자들까지도 놀라거나 분개했는데 그분의 행동 방식은 다른 라삐들과는 아주 달랐던 것이지요. 그분은 우리를 여왕 대하듯이 존경과 존중으로, 어머니 같은 상냥함으로, 아버지 같은 단호함으로 대하시는가 하면 또 신랑의 깊은 사랑으로 대하시기도 하셨습니다.

오늘 저녁 여기 열이 나서 침대에 누워 있던 요안나가 있어요. 그분이 당신 손을 잡았지요. 하혈을 하던 안나도 있네요. 사람을 부정하게 하기 때문에 아무도 당신을 만질 수 없었는데 그런 당신이 알아차릴 수 없게 자신을 만지는 것을 그분은 느꼈지요. 야이로의 딸도 있군요. 그대를 향해 그분은 무한한 다정함으로 이렇게 말씀하셨지요. "소녀야, 너에게 내가 말하니 일어나라." 그렇게 그대에게 생명을 돌려주셨지요.

사마리아의 길가 시켐의 우물에서는 시들어 버린 삶을 사는 한 여인에게 생명의 물을 주심으로써 선교적 희망을 다시 피어나게 하셨지요.

나병 환자 시몬의 집에서는 한 죄녀에게 당신 머리에 향유를 바르고 회개의 눈물로 당신 발을 씻고 머리카락으로 닦도록 두셨지요. 사랑과 고통으로 정화된 그 몸짓의 내밀함에서 그분은 몸을 사리지 않으셨지요. 그 여자를 멸시에서 들어 올려 식사에 초대된 모든 손님 위로 높이셨는데 그 여자는 그들 모두보다도 더 많이 사랑했기 때문이었지요.

티로와 시돈 지방에서는 한 그리스 여자가 사랑스럽게 졸라 대는 데 못 이겨 그 여자에게 딸을 돌려주셨습니다. 어떤 회당에서는 안식일에 18년 동안이나 병마에 시달리며 허리가 굽은 여자를 똑바로 서게 해 주셨고요. 그 여자를 "아브라함의 딸"이라고 부르셨지요. 우리 성경은 남자들에게만 "아브라함의 아들"이라는 호칭을 붙였지요. 나인에서는 과부의 외아들을 살려 주시면서 사랑 어린 자비와 연민의 표현으로 "울지 마라" 하고 말씀하셨습니다.

예루살렘의 성전에서는 탈선한 한 여자의 배신을 단죄로부터 구해 내시고 생명을 돌려주셨지요. 간음의 죄가 늘 여자에게만 있는 것은 아니잖아요? 여자 혼자서 잘못의 대가를 치러 왔지요. 그런데 그분은 그렇지 않았어요. "음욕을 품고 여자를 바라보는 자는 누구나 이미 마음으로 그 여자와 간음한 것이다" 하고 말씀하시지 않았던가요?

우리는 완고한 마음의 결과로 나온 남자와 여자의 관계의 불균형에 완전히 지배당하고 있었습니다. 하지만 태초에는 그렇지 않았지요. 남자와 여자 모두 하느님께서 당신 모상으로, 당신을 닮도록 만드셨어요. 그분은 모든 것을 태초의 원리로 영원히 되돌려 놓으셨습니다.

우리에게 잃어버린 존엄성을 돌려주셨습니다. 더 사랑하는 사람이 더 가치 있는 것입니다.

너는 나를 사랑하느냐?

"그분에 대해 말해 주세요."

"이제 떠나야 할 시간이에요. 셀레우키아에서 배가 출항하려고 하고 내 동료들은 긴 여행을 위해 나를 기다린다고요."

"그러니까 우리에게 그분에 대해 한 번 더 말해 주어야 해요. 어쩌면 마지막일지도 모르잖아요."

"이 동굴의 벽들이 이미 그분에 대해 여러 번 말하는 걸 들었잖아요."

"당신의 말은 바위에 새겨져 있고 우리 마음에 새겨져 영원히 남을 거예요. 하지만 그분에 대해 또 말해 주세요."

그날 저녁에도 그들은 루카의 가족이 케파에게 제공한 커다란 동굴 안에 모였다. 높고 웅장하고 미완성인 대성당처럼 민둥한 동굴, 도시를 내려다보고 있는 실피우스 산 중턱에 있는 이 동굴은 이제 이름을 지니고 있었으니, '베드로의 동굴'이었다. 그 동굴에 얼마나 많은 수가 얼마나 자주 모여 얼마나 자주 그리스도의 이름을 입에 올렸는지 안티오키아의 사람들은 결국 그들을 '그리스도인들'이라고 부르기에 이르렀다.

로마가 나를 기다립니다. 모든 곳에 전파되는 말씀은 제국의 심장에까지 도달하기를 요구하지요. 로마는 나의 도시가 될 것입니다.

제국의 세 번째 도시인 여러분의 도시 안티오키아는 여러분이 나를 맞아 주실 때부터 나의 도시였습니다. 바오로의 도시였듯이 말입니다. 그분이 갈릴래아에서, 유다에서, 그리고 사마리아에서 여셨던 길은 여기서부터 전 세계로 활짝 열렸지요. 모든 민족이 걸어갈 수 있도록 우리의 히브리 관습을 떨쳐 버리고요.

거룩한 도시 예루살렘은 아직도 나의 도시입니다. 거기서 그분의 날들이 진행되었지요. 거기서 그분은 나에게 부인당하셨지요. 여러분은 내 눈물의 증인들입니다. 내 눈은 의로우신 분, 거룩하신 분, 벗이신 분, 신뢰할 수 있는 분, 다른 어느 누구도 그렇게 하지 않았을 만큼 나를 견고하고 진실한 유대로 당신께 매어 두셨던 그분을 아직도 보고 있습니다. 내 눈은 아직도 그분의 눈길을 봅니다. 묶여 계시면서, 굴욕을 당하시고 뺨을 맞으신 채 로마 총독에게 끌려가시면서 나를 바라보셨지요. 맨 처음 강을 따라 걸어가면서 나를 바라보셨을 때처럼, 호숫가에서 나를 바라보시던 때처럼 바라보셨어요. 영혼 저 밑바닥까지 파고들어 그 안에 영원한 사랑의 충만함과 힘과 감미로움을 담아 전해 주시던 바로 그 눈길이었습니다.

그분이 쫓겨났던 거룩한 도시 예루살렘. 우리 모두가 떠나온 예루살렘. 생명을 지으신 그분이 악인들의 손에 의해 성벽 밖에서 십자가에 못 박혀 죽임 당하신 곳 예루살렘. 죽음이 그분을 자기 세력 안에 묶어 둘 수가 없었기에 그분이 하느님에 의해 부활하시고 죽음의 고뇌로부터 풀려나신 것을 본 예루살렘.

높은 곳에서 성령이 불처럼 우리에게 쏟아져 결코 꺼지지 않고 타오르는 불꽃으로 우리 마음을 태워, 그분이 생명을 주셨듯이 우리도 그렇게 사람들에게 생명을 주라고 힘과 열정을 우리에게 주었던 곳 예루살렘. 아무도 우리의 선포를 질식시키지 못하게 우리의 폐를 가득 채우는 맹렬한 바람처럼 성령이 내렸던 곳 예루살렘.

예루살렘, 안티오키아, 로마, 나의 도시들이지요.

하지만 먼저 카파르나움이 있습니다. 그분이 자신의 도시로 선택하셨기에 카파르나움은 나의 도시인 것이지요. 물론 내 여정旅程의 도시들인 예루살렘, 안티오키아, 로마와는 경쟁할 수 없는 작은 마을이에요. 하지만 모든 것이 시작된 곳이 바로 그곳이었어요. 만남과 부르심, 그분이 나를 풀릴 수 없는 견고한 유대로 당신 자신에게 영원히 결합시키신 일이 바로 거기서 이루어졌습니다.

그토록 강하고 특별한 그분의 부르심은 여러 차례 이루어졌습니다. 스승께서 나를 몇 번이나 부르셨던가?

요르단 건너편 베타니아에서였습니다. "너는 견고하고 든든하고 손상될 수 없는 바위다." 나를 보자 곧 그분은 그렇게 말씀하셨지요. 내가 바위라고? 그분이 호수의 흔들리는 물 위에서 내가 매일 드리던 기도를 알고 계셨을까? "주님, 제가 얼마나 당신을 사랑하는지요." 저는 확실한 의지처를 찾으며 우리의 다윗 왕과 함께 매일 이렇게 기도했습니다. "주님, 사랑합니다. 나의 힘, 나의 바위, 나의 요새, 나의 해방자, 나의 하느님, 이 몸이 피신할 바위, 나의 방패, 내 구원의 성채, 나의 후원자시여." 그분이야말로 오래전부터 내가 간절하게 열망하던 바위셨습니다.

카이사리아의 필리피 지방에 있을 때였습니다. 그분은 나에게 이 바위 위에 당신 말씀에 따라 모인 새로운 백성을 세울 것이라고 말씀하셨습니다. 그분이야말로 집을 지탱해야 할 주춧돌이라는 것을 내가 이해한 것은 바로 그때였습니다.

예루살렘에서 카야파의 저택 안뜰에 있었을 때, 그분은 아무 말 없이 시선으로 나를 회개로 부르셨습니다. 그분은 집 짓는 자들이 내버린 돌이셨습니다. 나도 그분을 버렸었지요.

카파르나움의 호숫가에서는 배에서 내려 당신 뒤를 따르도록 나를 끌어당기셨습니다. 부활하셔서도 호숫가에서 나에게 나타나셨지요. 그러고는 다시 한 번 나를 당신께로 부르시고 내 바위를 영원히 당신이라는 견고한 바위 위에 놓으셨습니다.

내가 받은 부르심에 관한 얼마나 많은 이야기가 이미 신자들 사이에 돌아다니는지 모릅니다. 모순되는 것처럼 보일 정도로 많은 이야기지요. 하지만 그 외에도 수많은 이야기를 할 수 있을 것입니다. 그분은 딱 한 번 부르시지만, 또 항상 다른 방식으로 매 순간 부르시기 때문이지요. 그분의 독특한 목소리는 항상 새로운 강세를 지니고 있고 나는 그 목소리를 항상 새로운 어조로 알아듣는답니다. 그분의 눈은 늘 같은 눈길로 날 바라보지만 그럼에도 매력적인 초대와 타오르는 열정과 인내 깊은 이해와 자비로운 용서 등으로 다양하게 변하는 효과를 지니고 있지요.

지금도 나는 신뢰 가득한 그분의 눈길을 알아차립니다. 지금도 나는 어쩌면 나 스스로는 감히 갈 생각도 못하는 곳으로 가라고 하시는 그분의 호소를 알아듣지요.

햇볕에 탄 얼굴 위로 깊게 팬 주름을 타고 눈물이 흘러내렸다. 그 눈물은 이제 더 이상 예루살렘에서의 그 쓰라린 눈물이 아니었다. 그것은 기쁨의 눈물이었다.

그는 베타니아에서 처음 주님을 보았던 것처럼 그분을 보고 있었다. 거울 같은 고요한 호수 위로 그분의 목소리가 미끄러지던 때처럼 그 목소리를 듣고 있었다.

"그분에 대해 더 이야기해 주세요." 안티오키아의 그리스도인들은 그를 따라 함께 울고 난 뒤 다시 그렇게 말했다. 아픔의 눈물이었다. 바위가 이제 그들을 떠나려 하는 것이다. "저 아래, 카파르나움의 호수에 있던 그분에 대해 더 이야기해 주세요."

　카파르나움의 이야기는 결코 끝나지 않을 것입니다. 모든 것이 거기서 시작되었거든요. 그분이 호수 위를 지날 때요.

　나더러 누구냐고 묻는 이에게 나는 그때까지 "어부요" 하고 대답했지요. 나는 내가 어부인 것이 자랑스러웠거든요! 어부! 자유로운 인간, 물처럼 유동적이고 산들바람처럼 가볍고 하늘의 구름처럼 움직이는 사람이죠.

　그때까지 나는 나날의 작은 기쁨을 맛보곤 했습니다. 새벽의 여명이 지닌 색깔들, 집의 친밀감이 주는 평화, 가족의 사랑, 친구들과 어울리는 것, 안식일의 휴식 ….

　그런데 그분이 나타나셨습니다. 호숫가에요.

　그분은 내 눈을 똑바로 바라보면서 천천히 걸어가셨습니다. 그렇게 말없이 천천히 걸어가셨습니다. 팔을 앞으로 뻗어 나를 가리키시면서 천천히 걸어가셨습니다. 마치 내 주위를 돌면서 나를 호수에서, 배에서, 그물에서, 조약돌들에서, 하늘에서 잘라 내기라도 할 듯이 말이지요. 그렇게 나는 어지러운 허공으로 빨려 들어가면서 나의 세계에서 떨어져 나왔지요. 그리고 그 세계는 즉시 그분의 말씀으로 채워졌습니다. 그 강렬한 눈길은 이제 목소리가 되었고 그 장엄한 몸짓은 말씀이 되었습니다. 단 한 마디 말씀, "나를 따라라". 그리고 나는 그분의 세계에 있게 되었지요. 공간을 가로막지 않는 충만함이었고 의기양양하지 않은 기쁨이었으며 안정을 주는 평화였습니다. 그것은 전에는 상상해 본 적도 없었지만, 그럼에도 기다려 왔던 새로운 삶이었어요. 놀랍도록 새로운 세상이 시작되었는데 그것이 저에게는 정상인 것 같았고 정말이지 참된 세상이었습니다. 나는 그 세상의 일부였지요. 그분의 말씀이 내 안에서 나를 인도했습니다. 그것은 그분의 세상이었고 그분이 그 세상을 창조하셨습니다. 그분은 나를 그 세상을 만들어 가는 사람으로 삼으셨으니, 나를 사람 낚는 어부가 되게 하실 것이었지요.

그분은 호숫가를 지나가셨고 우리를 당신의 여정에 동참하도록 하셨습니다. 그분의 길은 우리의 길이 되었습니다. 우리는 계속해서 노를 저었고 고기를 잡았지만 그것은 더 이상 우리의 직업이 아니었지요. 우리는 사람을 낚게 될 것이었어요! 나더러 누구냐고 오늘도 사람들은 물어요. 나는 이렇게 대답하지요. 그분의 제자, 그분에게서 파견된 자, 사도라고요. 나는 이제 어부가 아니랍니다.

우리는 카파르나움에 있는 저의 집에 남아 있었습니다. 하지만 더 이상 나의 도시도, 나의 집도 아니었지요. 우리 앞에는 온 세상이 놓여 있었거든요. 그분은 우리에게 민족들을 유산으로 주셨습니다.

그럼에도 민족들에게로 가기 전에 우리는 한 번 더 카파르나움으로 돌아갔습니다. 신비로운 부르심을 받기라도 한 것처럼 말입니다. "내 형제들에게 말하여라." 그렇게 우리를 부르셨던 것이죠! "갈릴래아에서 내가 그들을 한 번 더 만날 것이라고 전하여라. 나는 한 번 더 그들을 만나러 가고 싶고 그들을 또다시 부르고 싶다." 그렇게 그분은 여자들에게 말씀하셨지요.

그곳, 갈릴래아 호수 위에서 모든 것이 시작되었고 거기에서 모든 것이 새롭게 시작되어야 했습니다. 우리가 그분을 보지 않고도, 듣지 않고도 따르게 될 새로운 추종이지요. 하지만 그분은 우리의 존재와 삶이 상호 침투하는 가운데 내면에서 울리는 당신의 목소리와 권고와 눈길로 우리에게 더 가까이 계실 것이었지요.

"한 번 더, 마지막으로 그 마지막 만남에 대해 이야기해 주세요." 베드로가 아직도 들리는 그 목소리를 따르려는 듯 일어서려는 동작을 하자 안티오키아의 그리스도인들은 그에게 간청했다.

"그분이 나를 바라보십니다. 날 부르신다고요. 난 가야 해요."

"한 번 더 그분에 대해 말해 주세요. 마지막으로요."

그 햇빛 밝은 정오에 나는 그분이 빛나는 것을 보았습니다. 갈릴래아 평야 중앙에 굳건히 선 거룩한 산에서 그분의 눈은 빛이 출렁이는 가장 먼 지평선을 훑었지요. 하지만 그 빛은 그분의 얼굴에서 뿜어져 나오는 광채 앞에서는 어둠일 뿐이었습니다. 아직도 눈에서 빛나는, 지금도 그때처럼 나를 황홀하게 하는 아름다움으로 빛나는 그 얼굴 앞에서는요.

파스카 축제일 아침 처음으로 나타나시어 나에게, 그분을 알지 못한다고 부인했던 나에게 자신을 알아보게 해 주셨을 때 그분이 빛으로 둘러싸인 것을 보았습니다.

마지막으로 그분이 더 이상 빛과 영광의 표지들 없이 드러나시리라고 내가 어떻게 상상할 수 있었겠습니까? 더 이상 여느 사람이 아니고 부활하신 주님이신 지금, 처

음에 등장하셨던 방식으로 여느 사람이나 똑같은 겉모습
이었다면 내가 어떻게 그분을 알아볼 수 있었겠습니까?

나는 피곤한 팔로 노를 젓고 있었습니다. 통발은 비어
있었어요. 또다시 재수 없는 밤이 지났습니다. 몇 년 전이
라면 나는 헛수고를 한 어부처럼 슬퍼했을 겁니다. 나는
여전히 고기를 잡고 있었지만 더 이상 어부가 아니었고,
정신은 이제 호수의 흐름이나 그날의 물고기 시세에 쏠려
있지 않았습니다. 오로지 그분만 생각했거든요. 유일한
걱정거리가 찔러 대는 가시처럼 가슴에 박혀 있었으니,
선포, 어떻게 선포할 것인가 하는 것이었지요. "너희는 나
의 증인이 될 것이다" 하고 그분은 말씀하셨고 우리네 땅
갈릴래아 지역을 멀리 넘어서서 우리에게 길을 열어 주셨
던 것입니다. 선포, 내가 그분에게서 알게 된 것을 어떻게
모든 사람에게 말할 것인가?

어떻게 할 것인지 그분이 나에게 말씀해 주시리라는
것을 나는 확신하고 있었습니다. 그래서 여자들을 통해
우리에게 주신 약속에 따라 거기 있었던 것이지요. "선생
님께서 당신들을 갈릴래아에서 기다리신다고 하셨어요."
하고 그들이 말했거든요. 우리는 맨 처음에 출발했던 곳

에서 출발하게 될 것이었고 그분은 전에 갈릴래아의 길로 우리를 인도하시던 것처럼 또 우리를 인도하실 것이었습니다. 나는 이번에는 그분을 따를 것이었습니다. 내가 그분이 예루살렘에 도달하시지 못하도록 그분 앞을 막아섰던 때와 같은 일들은 일어나지 않을 것이었지요. "왜 죽으려고 유다에 가십니까? 안 됩니다, 그것만은 결코 안 됩니다." 난 그분께 소리쳤지요. 그분을 너무 사랑한 나머지 그분께 대한 책임을 느꼈던 것입니다. "안 됩니다, 선생님." 저는 단호하게 말했습니다. "선생님은 이 죽음의 길을 가시지 못합니다." 이렇게 말하며 그분 앞에 섰더랬지요. '그분 앞이라고? 나는 그분의 제자, 그분의 추종자가 아니던가?' 어떻게 감히 내가 그분께 길을 안내한답시고 그분 앞에 섰는지요? 그분이야말로 길이 아니시던가요?

하지만 이제는 그렇게 하지 않습니다. 나는 그분이 타보르 산의 눈부신 빛 속에서, 부활하신 분을 감싸던 그 영광 속에서 나타나시리라는 것을 알고 있었습니다. 우리에게 길을 가리켜 주시고 다시 우리의 선두에 서시리라는 것을, 우리는 어디가 됐든지 그분을 따르리라는 것을 알고 있었어요.

거기 호숫가 바위 위에서 어부인 우리에게 권고를 주던 그 사람은 누구였던가? 솟아오르는 태양을 마주 보는 위치여서 그의 얼굴을 알아보지 못했지요. 이 직업에 숙달된 카파르나움의 나이 든 어부들 중 하나이려니 했지요. 우리는 그가 외친 대로 그물을 쳤습니다. 그리고 물고기, 온 밤을 숨어 다니던 물고기가 무리 지어 달려드는 것이었어요. 그물을 당기면서 그것을 느낄 수 있었습니다.

"주님이시다." 가장 젊은 친구가 속삭였어요. 주님이라고? 뱃전에 몸을 굽힌 채로 은빛으로 반짝이는 물을 바라보며 한순간 나는 마비되었습니다. 주님이라고? 가능하지 않은 일이라고 생각했어야 할 것입니다. 부활하신 주님은 과연 당신 영광을 거기 그 호수의 둑 위에 선 그 나이 든 어부의 모습 뒤에 감추셨을까? 주님이시라는 그 단언을 더 숙고하는 것이 나았을 텐데. 하지만 이미 나는 벌떡 일어섰고, 이미 옷을 벗었으며, 이미 그분 주님을 향해 물속으로 뛰어들고 있었습니다.

바로 그분이셨습니다. 빛을 배경으로 하고 서 계셨지만 바로 그분이셨어요. 나는 그분을 알아보았는데, 그분의 모습은 알아보지 못했지만 바로 그분이셨지요. 숨이 멈출 듯 나는 그분 앞에 무릎을 꿇고 그분을 바라보았습니다. 바로 그분이셨습니다.

"베드로, 나를 사랑하느냐?"

"당신을 사랑합니다." 여느 때와 같은 열정으로 나는 말했습니다.

"모든 사람보다 더 나를 사랑하느냐?"

"예, 선생님." 확신에 차서 나는 외치는데 심장이 목구멍으로 올라오는 것 같았어요. 그건 물속을 달려왔기 때문이 아니었지요.

"베드로, 참으로 나를 사랑하느냐?"

세 번씩이나! 나는 마음이 찢어지는 것 같았습니다. 처음 두 번의 답변에 담긴 감격과 열정에 금이 갔습니다. 눈앞이 흐려졌어요. 그 거룩한 산에서 그분의 모습을 나에게서 앗아 가던 그 구름이 다시 나타난 건가? 그때처럼 나는 휘청거렸습니다. 그 어두운 두려움과 전율이 나를 덮쳤습니다.

나의 배반, 세 번에 걸친 나의 배반 …. '나는 그를 모르오. 나는 그를 몰라요. 그에 대해 아무것도 모른다고요.'

나는 그분을 다시 바라보았습니다. 나는 그분을 알아

보았고 또 알아보지 못했지만 바로 그분이셨습니다. 예루살렘 대사제의 저택 안뜰에서 그분의 눈길로 인해 열렸던 쓰라린 눈물의 샘이 다시 흐르기 시작했습니다. 눈물의 장막 사이로 나는 그분을 알아보았고 또 알아보지 못했지만 바로 그분이셨습니다. 이제야 내 배반의 심연으로부터 나는 말할 수 있었지요.

"주님은 아십니다." 가느다란 목소리로 나는 속삭였지요. 하지만 그분께 그 말을 하는 것은 내 삶이었어요. 주님은 모든 것을 아시잖아요. 내가 주님을 사랑한다는 것을 아시잖아요.

"내 어린양들을 돌보아라."

그렇게 해서 나에게 길을 열어 주셨던 것이지요. 나는 사랑을 증언하면서 세상을 돌아다닌답니다.

그럼 너는 내가 누구라고 믿느냐?

"그럼 너는, 너는 내가 누구라고 믿느냐?"

"당신은 지금까지 이 책에서 당신의 벗들이 당신에 대해 어떻게 말하는지 들으셨지요? 제가 기차로, 비행기로 여행하면서 공항에서 오래 머무르는 동안 그들은 한 사람씩 소박하게 제 곁에 함께했지요. 저는 책을 쓸 생각은 하지 않았고 어떤 계획도 없었어요. 저는 그저 그때그때 그들이 저에게 이야기하는 것을 기록했을 뿐이죠. 그것이 저에겐 하나의 휴식이었고 잠심하기 위한, 그리고 그 안에서 반영되는 당신 얼굴을 들여다보기 위한 하나의 방법이었어요. 바람결에 살짝 흔들리는 빽빽한 나뭇가지들 사이로 햇빛이 뛰노는 것처럼 말이죠."

"그럼 너는, 너는 나에 대해 뭐라고 말하겠느냐?"

"저는 잠시라도 당신의 땅에 가 보고 싶어요. 갈릴래아의 언덕들을 눈길로 어루만지고 당신의 눈으로 그 언덕들을 보고 싶습니다. 호수 가운데서 배를 멈추고 당신의 숨소리를 듣기 위해 물과 하늘을 바라보고 싶습니다. 당신이 지나가시는 것을 보았던 돌들 위를 걷고 오래된 폐허 사이에서 당신의 흔적을 찾고 싶어요. 꽃과 나무들과 새들이 당신에 대해 말하는 것을 듣고 싶답니다."

"그러니까 너는 나에 대해 뭐라고 말하겠느냐?"

"당신의 삶을 쓰고 싶었어요. 계속해서 저의 이루어질 수 없는 꿈이 되어 주세요. 당신에 대해 말하기 위해서가 아니라면 무엇 때문에 글을 쓰겠습니까? 하지만 학자들은 당신의 전기를 쓸 수는 없다고 되풀이해서 말하더군요. 그래서 저에게 당신에 대해 말해 준 당신의 친구들이 밝혀 준 당신의 얼굴에서 나오는 빛줄기로 저는 만족했습니다. 제가 당신께 찬미가 하나를 풀어내 읊어 드리고, 당신의 영광을 노래하는 시 한 수를 지어 드릴 줄 안다면, 대성당처럼 아름답고 장엄한 노래 하나를 올려 드릴 줄 안다면 참 좋겠습니다. 하지만 저는 단지 저의 작은 기도를 더듬거릴 수 있을 뿐입니다."

아버지의 외아들,

은총과 진리가 가득하신 분,

사랑받으시는 분, 총애를 받으시는 분, 보이지 않는 하느님의

모습,

우리 가운데 오신 임마누엘, 가까이 계시는 하느님, 우리와

함께 계시는 하느님,

인간의 아들 가운데 가장 아름다우신 분.

예수, 동정 마리아의 맏이,

세상의 빛,

아버지께로 이르는 길,

정신을 비추어 주는 진리,

우리 삶에 생명을 주는 생명.

길 잃은 양을 찾아 나서는 착하고 자비롭고 연민에 찬 목자.

모든 이에게 선을 행하면서 지나시는 몸과 영혼의 의사.

나의 스승님이신 당신,

생명의 말씀,

하늘에서 내려온 빵,

살아 있는 물,

늘 충실한 친구요 형제이며 신랑이신 당신,

생명을 내주는 가장 큰 사랑.

입술로, 마음으로, 정신으로,

온 생명을 다하여 제 신앙을 고백하나이다.

나의 주님이요 나의 하느님.

카파르나움 이야기가 한국어로 번역 출간된다니 큰 기쁨입니다. 저는 여러 번 고요한 아침의 나라에 갔었고 그때마다 한국 사람들의 미소와 친절, 그 강인함과 끈기에 매혹되었습니다. 저는 늘 예수님과 그 제자들의 놀라운 이야기를 하고 싶었습니다. 오늘날 저 자신도 다른 그리스도들과 함께 다시 살아가도록 부름 받고 있는 이야기 말입니다. 그런데 언어의 장벽이 항상 마음을 열고 그 이야기를 하는 것을 막았지요. 이제 이 작은 책이 번역된 덕분에 그렇게 할 수 있어 기쁩니다.

이 작은 책에는 짧은 역사가 숨어 있습니다.

저는 성지순례에 그다지 관심이 없었습니다. 예수님을 만나기 위해서는 어느 성당에나 가서 성체 앞에 앉거나, 혹은 그리스도의 성사인 한 사람을 만나거나, 예수님께서 계속 말씀하시는 복음서를 침묵 속에서 사랑으로 읽는 것으로 충분하다고 늘 스스로에게 말했거든요.

그러다가 제 부모님이 결혼 50주년을 맞으실 때 저는 예수님이 사셨던 땅을 순례하기를 권했습니다. 그것이 그분들의 큰 꿈이라는 것을 알고 있었으니까요. 그러고 나서는 그분들에게 제가 드릴 수 있는 가장 멋진 선물은 이 여행을 그분들과 함께하는 것이리라고 생각했습니다. 그렇게 해서 제가 부모님과 함께 순례를 떠난 것입니다. 제게는 특별히 흥미로운 그 어떤 것도 기대하지 않고 그저 부모님께 대한 애덕 행위였지요.

우리가 텔아비브 상공에 이르렀을 때 비행기 조종사가 야포 공항에 내리고 있다고 기내 방송으로 알렸습니다. "야포?" 저는 외쳤지요. 야포라면 한동안 베드로가 무두장이 시몬이라는 사람 집에 살았던 곳이 아닌가? 타비타를 살려 낸 곳이 아닌가? "타비타, 일어나시오!" 이렇게 그 여자에게 말했지요. 그러자 그 여자는 눈을 떴고요. 베드로는 손을 내밀어 그 여자를 일으켜 세웠지요. 이런 생각만으로도 저를 전율하게 하기에 충분했습니다.

완전히 뒤집어지는 체험을 한 주간이었지요. 저는 과

거 안에 잠겨 들었고 과거는 저에게 현재가 되었습니다. 보고, 만지고, 들었습니다. 특별히 저는 갈릴래아에 푹 빠졌지요.

모든 것이 그분에 대해 말하는 거예요. 그 잔잔한 호수, 그 부드러운 언덕들 …. 걸음마다 그분에 대한 기억이요, 돌멩이 하나마다 그분의 말씀이며, 햇살 한 줄기마다 그분의 눈길인 것이 결코 똑같지가 않았습니다. 호수의 물결이, 하늘을 가르는 구름이 결코 똑같지 않은 것처럼 말이지요.

몇 년 후 어느 날 저녁, 제 방 소파에 앉아 그 여행에 대해 다시 생각하고 있었는데 카파르나움의 끝자락에 위치한 집들 중 하나에 제가 있는 것처럼 느껴지는 거예요. 바로 호수의 주변, 예수님이 삼 년 동안 사셨던 베드로의 집이었던 거죠. 저는 어느 조용한 저녁을 상상해 보았지요. 조금은 게으른 저녁 말이에요. 그런데 제가 이천 년 전의 그 어부들 사이에 있는 것 같았어요. 그리고 그것은 바로 지금 이 순간이었어요. 저는 그렇게 베드로의 장모 집에 있었던 거죠. 그 장모의 이름이 무엇이었을까요? 복음서는 그것을 말해 주지 않지요. 저는 그녀의 이름이 요안나라고 생각하고 자연스럽게 저절로 그녀에게 자기 이야기를, 그분에 대한 이야기를 해 달라고 청했습니다. "그분에 대해 말해 주세요." 그녀가 제가 말했지요. 그렇게 해서 첫 번째 이야기가 탄생했습니다.

저는 안식일 저녁이면 카파르나움에 사는 신자들이 그 집에 모이기로 약속을 하는 것으로 상상했습니다. 더 이상 베드로는, 그의 동생 안드레아는 없지만 요안나가 그 집에 남아 있었지요. 그분이 제자들을 데리고 거기서 떠나신 지 십오 년 정도가 지났지요. 하지만 카파르나움에는 아직 얼마나 많은 사람이 남아 있었는지요. 야이로와 되살아난 그의 딸, 혈루증을 치유받은 여자, 들것에 누워 지붕 아래로 내려졌던 사람.

저는 자주, 특히 여행할 때, 마음으로 그 호숫가 집으로 돌아가곤 했습니다. 기차역과 공항의 소음 속에서, 밤 비행의 지루함 속에서 저는 모든 것과 모든 사람에게서 떠나 이야기를 들으러 요안나의 집이 주는 그 고요함 속으로 뛰어들곤 했습니다. 이미 알고 있는, 하지만 이제는 새롭게 여겨지는 내용들의 이야기가 저는 듣기 좋았습니다.

그렇게 해서 이 책이 태어났습니다. 제가 들었던 이야
기들로부터, 이제 제가 다시 여러분에게 해 드리려고 하
는 이야기들로부터.

파비오 차르디

그럼 너는?

2010년 봄 저자 차르디 신부님에게서 선물 받은 이 책을 로마에서 토리노까지 당일치기로 예수님 수의(sindone)를 참배하러 가는 여행길에 단숨에 읽었습니다. 수채화처럼 맑고 생생하기 그지없는 현실감으로 각 인물의 이야기가 바로 귓전에서 들려오는 듯한 감동이었습니다. 그리고 오래 기다렸다가 예수님의 수의 앞에 머물렀던 단 몇 분간, 수의에 박힌 그 아름다우신 얼굴은 저를 카파르나움의 마을과 호수와 거리와 사람들에게로 데려갔습니다.

번역을 마치고도 여러 해가 지나고 나서야 이 작은 책자가 한국어로 나오게 되었는데, 그간 기다림과 포기와 초연으로 이어진 사연들을 감수할 만한 소중하고 아름다운 책입니다. 읽다 보면 원래 작가가 아닌 신학자의 책이 왜 그렇게 짧은 시간에 여러 나라 언어로 번역되어 인기를 얻었는지를 금방 이해할 수 있을 것입니다. 이탈리아에서는 몇 년 동안 연극 무대에서 꾸준히 관객을 모으기도 했습니다. 사실 신학자이면서 문학적 재능이 풍부한 저자는 신학적 주제로 유쾌하고도 의미 깊은 픽션을 쓰고 복음 묵상서를 내는가 하면 거의 매일 자신의 블로그에 신학적 깊이와 문학적 유려함을 겸한 풍부한 묵상을 제공하기도 합니다.

이 이야기들을 읽노라면 이스라엘 성지를 순례하신 분들은 저처럼 자신의 묵상이 미처 가닿지 못한 체험을 통해 다시 그 장소들로 돌아가실 것이고, 가 보지 못한 분들은 저자의 풍부한 상상력과 감수성 덕분에, 무엇보다 주님께 대한 그 사랑 덕분에 마치 이야기의 현장에 있는 듯한 체험을 하시리라 여겨집니다.

이 책은 성경 해설서나 교재가 아니고 문학작품인 만큼 원서에서도 성경 인용 구절을 밝히지 않으며, 정확한 표현보다는 인물들이 기억하는 대로 상당히 자유롭게 인용하기에 몇몇 경우 외에는 원문의 방식대로 장절을 삽입하지 않았습니다. 인용문의 정확성보다는 인물들의 감정과 의식의 흐름이 중요하니까요. 또한 대화도 인용부호

없이 해설과 교차하는데, 번역에서는 독자의 혼란을 줄이고자 인용 부호를 삽입했습니다. 독자의 이해를 돕고자 원문의 간결하고 깊은 시적·상징적 표현들을 충분히 존중하지 못한 아쉬움이 남습니다.

이 책은 끝나지 않은 책입니다. 이 책의 마지막 장은 각 독자가 쓰도록 초대됩니다. 곧, 성경 인물의 이야기에 그치지 않고 각자가 그분을 어떻게 체험했는지 이야기하도록 초대받는 것이지요. "그럼 너는 나에 대해 뭐라고 말하겠느냐?" 이 작은 책의 마지막 장을 덮을 때 각자가 이 질문 하나 가슴에 살포시 품었으면 좋겠습니다.

국춘심 방그라시아 수녀